YES WE
KANT
Jul.

P*** ME
I'M FAMOUS
Jul

TABLE DES MATIÈRES

PRÉFACE

PAR MICHEL ELTCHANINOFF

Si le bac philo vous donne des sueurs froides, par anticipation ou rétrospectivement, ce livre est pour vous ! Il ne remplace évidemment pas les longues heures passées avec votre prof de philo et les discussions passionnées sur la métaphysique de la subjectivité transcendantales… Mais si vous sentez soudain un grand vide dans votre tête (souvent accompagné d'une boule dans le ventre), lisez ce manuel. On vous y explique en détail la méthode pour rendre une copie acceptable, voire excellente. On y expose toutes les notions du programme de Terminale, citations et exemples à l'appui. On y trouve enfin un quiz, des confidences des correcteurs, un bêtisier, des dessins de Jul, et même des conseils pour bien dormir la veille de l'épreuve.

Cependant, l'ultime secret pour réussir l'épreuve, nous allons vous le donner dès maintenant. Il est très simple. Mais il vous engage. Il doit sonner comme un serment. Il tient en quelques mots : prenez au sérieux la question qu'on vous pose ou le texte qu'on vous soumet. La philosophie, même si elle en prend parfois l'aspect, n'est pas une torture inventée par des penseurs sadiques. Elle n'est pas non plus un fastidieux exercice scolaire. Ce qu'on vous demande, c'est de faire un pas (mental) en arrière et de réexaminer à nouveaux frais tout ce que vous savez. Les questions de la dissertation, les thèses du texte s'adressent directement à vous, aujourd'hui et maintenant. Elles touchent à la vie, dans ses dimensions morale, politique, professionnelle, affective. Si vous faites ce geste de poser la question pour vous, vous avez gagné d'emblée. Et vous êtes déjà philosophe. Ça vaut la peine d'essayer, non ?

J'AI BIEN CONSCIENCE DE VOS EFFORTS POUR PLUS DE "RIGUEUR", LUDIVINE...
MAIS MALHEUREUSEMENT...
...VOTRE NOTE VIENT D'ÊTRE DÉGRADÉE PAR L'AGENCE "KIERKEGAARD & POOR'S"
Jul.

LA MÉTHODE

VOTRE FEUILLE DE ROUTE

Le bac approche et, devant vous, le continent philosophique s'étend à perte de vue, avec ses énigmes et ses pièges. Pour l'aborder, la bonne question n'est pas « pourquoi » l'épreuve vous dépasse, mais « comment » y faire face. Car votre réussite au bac philo dépend davantage d'une bonne attitude à adopter le jour J que d'un bachotage forcené pour rattraper votre retard. Savoir lire un sujet, trouver une problématique, organiser votre temps est avant tout une question de méthode. Quant à la dissertation et à l'explication de texte, en séries générales comme en séries technologiques, elles obéissent à des techniques spécifiques (non, l'inspiration ne suffit pas). Votre guide de survie en poche, vous voilà bien paré pour affronter les quatre heures.

À LA CONQUÊTE DU SENS

Le sujet de philosophie ne se révèle qu'au prix d'une âpre confrontation avec les termes qui le composent et ce qu'il peut y avoir d'étrange à les voir rapprochés dans un même libellé. Sa lecture est donc décisive : voici comment l'aborder. —

PAR CHARLES PÉPIN

Ça y est, le sujet est tombé. J'ai quatre heures devant moi. Mais aussi trois sujets, des copies blanches, des feuilles colorées de brouillon et une boule dans le ventre.

Je fais quoi ?

D'abord, j'accepte les sujets. Il n'y a pas de bon ou de mauvais sujet, il n'y a que de bonnes ou de mauvaises attitudes. Il faut prendre les sujets comme ils viennent, accorder peu de crédit à sa première impression. Ce qui fait une bonne copie est rarement ce qui vient tout de suite, mais ce qui suit d'une analyse serrée des termes, d'un sujet retourné dans tous les sens, d'une véritable confrontation avec le libellé. Il faut le prendre à bras-le-corps. L'« art » de la dissertation est de savoir s'étonner du sujet, de sa formulation première, mais aussi des tensions qu'il renferme et qui ne se découvrent qu'avec l'analyse.

On peut accorder cinq vraies minutes au choix du sujet. Il faut absolument noter les idées spontanées qui viennent devant les sujets : elles ne reviendront pas quand vous aurez « la tête dedans ». En revanche, quand vous serez dans l'analyse des termes, elles auront une « fraîcheur » salutaire et ouvriront des pistes supplémentaires.

Il faut bien se souvenir qu'il n'y a pas de bon choix, comme il n'y a pas de mauvais choix. *« Je ne désire pas une chose parce qu'elle est bonne, c'est parce que je la désire qu'elle est bonne »,* écrivait Spinoza. Vous m'avez suivi : je ne choisis pas un sujet parce qu'il est bon, il est bon parce que je le choisis !

Ensuite commencent les choses sérieuses, tendues vers un objectif : trouver non pas *la* mais *une* problématique. On peut user d'une métaphore inspirée de l'idée qu'il faut « rentrer dans le sujet ». Prenez ce conseil à la lettre. Écrivez le sujet en gros caractères en prenant toute la largeur d'une feuille de brouillon. Et imaginez. Vous êtes un petit bonhomme. Et vous rentrez dedans. Avec vos petits bras, vous reliez d'une corde verte les différents termes qui vont ensemble, et vous tirez une corde rouge entre ceux qui vous semblent incompatibles. Avec vos petits pieds,

« Une bonne copie est ce qui suit d'un sujet pris à bras-le-corps, d'une lecture **tendue vers un objectif : trouver une problématique** »

vous donnez des coups dans certains termes pour voir comment ils réagissent lorsqu'ils se heurtent à leurs voisins.

Prenons un sujet

« **Faut-il respecter toutes les cultures ?** » La beauté du respect, c'est de respecter ce qui est différent, éloigné de nous. Entre les cultures, leurs rites et leurs valeurs, il existe bien des différences. Le petit bonhomme relie avec sa corde verte « respecter » et « cultures ». Mais « respecter » vraiment la différence prend du temps, demande la confrontation effective, lente et douloureuse parfois, avec la différence et les valeurs de l'autre. Dans ce cas, comment pourrait-on les respecter « toutes » ? Entre « respecter » et « toutes », le petit bonhomme tire une corde rouge, nerveuse, qui schématise la tension entre « respecter » et « toutes ».

Essayer de respecter l'autre, oui, mais tous les autres ? Voilà qui devient étonnant, louche même. Exprimez cet étonnement, ce soupçon. La qualité de l'introduction tiendra à cela. « Respecter » n'est pas tolérer. « Respecter », c'est aller vraiment vers la différence. La « tolérer », c'est la « supporter », fermer les yeux. Entre « respecter » et « toutes », voici une deuxième tension rouge. On pourrait peut-être tout tolérer, mais pas tout « respecter ». Une « culture » peut être simplement un ensemble de pratiques et de valeurs propres à un groupe humain. Le nazisme est alors une « culture » – à combattre plus qu'à respecter, non ? Le petit bonhomme relie alors « respecter » et « cultures » d'une nouvelle nervure rouge. Tel est le travail d'analyse des termes : non pas les définir un par un, mais voir comment ils réagissent les uns au contact des autres – il faut les « frotter » les uns contre les autres. « Faut-il » a une résonance morale, « respecter » aussi : lien vert donc. Mais qui nous dit qu'« il faut » ? Qui nous l'ordonne ? Quand je respecte quelqu'un, il faut que ça vienne de moi, non ? Si on m'oblige à le faire, c'est déjà que je ne le respecte pas !

Donc, entre « il faut » (socialement, religieusement...) et « respecter » (qui ne vient que de moi, de ma volonté autonome) : nouvelle tension rouge... Ça y est : nous sommes rentrés dedans. Maintenant, il faut en sortir. Une seule solution : avec ses petits bras, se mettre bien au milieu et pousser fort des deux côtés en même temps – bref éclater le sujet de l'intérieur ; l'éclater en deux réponses contradictoires. Par exemple, réponse 1 : oui, il faut essayer de respecter toutes les cultures, de s'ouvrir à la différence. Réponse 2 : non, il faut savoir distinguer les cultures respectables de celles que nous devons combattre. Cette opposition entre deux réponses concurrentes est une problématique. Le petit bonhomme a fait le plus dur. Il a déjà un problème, deux parties, le reste suivra. Il sera bientôt un grand philosophe.

En guise d'entraînement, prenons deux autres sujets

Tout d'abord : « Peut-on apprendre à être heureux? » Et rentrons dans la peau du petit bonhomme en même temps que dans le sujet. Si le bonheur est, conformément à l'étymologie, un « heureux hasard », alors il y a une tension paradoxale entre « bonheur » et « apprendre » : la chance de rencontrer cet heureux hasard ne relève par définition pas d'un apprentissage. On pourrait même craindre que trop chercher le bonheur, trop vouloir en « apprendre les secrets », nous rende précisément incapable de saisir la chance du bonheur lorsqu'elle surgit. D'autre part, entre « apprendre » et « être », il semble aussi y avoir une tension paradoxale, qui s'éclaire grâce à la référence à un des repères du programme de terminale : être n'est pas devenir. On apprendrait plutôt à devenir heureux, à se rendre heureux, pas à « être » heureux. D'ailleurs peut-être l'est-on déjà ! Dans ce cas, il n'y a rien à apprendre...

Une réponse négative commence alors à se dégager. Nous pouvons rebondir en remarquant tout ce qu'il est possible d'apprendre pour se rendre plus heureux, voire pour comprendre que nous le sommes en fait déjà. Entre « peut-on » et « apprendre », le petit bonhomme tire alors un magnifique fil vert : nous pouvons en effet apprendre à changer nos représentations, ainsi que le proposent les épicuriens ou les stoïciens, pour modifier nos affects et éprouver un bonheur pensé comme ataraxie (absence de troubles). Nous pouvons aussi apprendre, grâce à notre expérience, à mieux connaître ce qui nous rend heureux ou malheureux. Nous pouvons apprendre de l'expérience des autres, notamment des sages. Nous pouvons même apprendre à nous rendre disponibles au surgissement de cet « heureux hasard ». La philosophie, la vie elle-même pourraient finalement être définies comme un apprentissage du bonheur. Deux réponses émergent donc, toutes deux séduisantes, et c'est leur opposition qui fait une problématique : le bonheur est-il une grâce imprévisible ou relève-t-il au contraire d'un apprentissage ?

Autre sujet : « Faut-il croire en un progrès de l'Histoire ? » Il y a tout d'abord quelque chose d'étrange à accoler « faut-il » et « croire ». On peut croire ou pas en l'Histoire, en un progrès de cette Histoire par exemple, mais on voit mal en quoi il « faudrait » y croire. La croyance relève d'une liberté, pas d'un devoir. L'étrangeté se redouble si nous comprenons « croire » au sens de foi absolue, indubitable. Croire en un progrès historique reviendrait alors à ne pas en douter, ce qui est difficile lorsque nous observons la violence de l'Histoire, les fréquents retours à la barbarie qui l'agitent. Il ne faudrait donc pas « croire en l'Histoire » : le risque serait trop grand d'un aveuglement, d'une perte de notre sens critique, d'une adhésion irresponsable à un progrès pour le moins incertain. Il y a toutefois une autre façon d'entendre le verbe « croire » : non pas adhérer totalement mais simplement accorder du crédit à un objet dont la réalité est hypothétique, l'espérer. On peut alors avoir des raisons d'y croire tout en incorporant à sa croyance une part de doute.

Si l'Histoire comporte bien des drames, on peut aussi y lire un progrès de l'idée de la liberté ou, par exemple, du droit international, et trouver alors dans le passé des raisons de croire en un avenir meilleur. Croire en l'Histoire serait alors la condition d'une action dans cette Histoire : il faut croire en un progrès possible de l'Histoire pour commencer à s'employer à le faire advenir. Croire en l'Histoire ne relèverait alors pas d'un aveuglement ni d'une crédulité irresponsable mais deviendrait un moteur de l'action. Si on comprend l'idée d'un progrès dans l'Histoire comme idéal régulateur, alors il y a entre le terme

« Imaginez que vous êtes un petit bonhomme, que vous rentrez dans le sujet et que **vous donnez des coups de pied dans certains termes pour voir comment ils réagissent** »

> « Cherchez des liens, des tensions entre les différents mots ou parties du texte. **C'est de l'intérieur du texte que vous travaillez** »

« croire » et l'expression « progrès de l'Histoire » une relation de complicité : y croire participe de la possibilité de ce progrès. L'analyse des termes et de leur polysémie permet donc de poser le problème suivant : faut-il croire en un progrès de l'Histoire pour se remplir de la force de le favoriser, ou, au contraire, refuser une telle croyance au motif qu'elle pourrait nous aveugler ? Autrement dit : la croyance en l'Histoire est-elle un moteur ou un aveuglement ? La réponse dépendra notamment du sens du verbe « croire ».

Explication de texte : trouver une perspective critique

Pour l'explication de texte, la métaphore est la même, sauf que la problématique oppose la thèse de l'auteur à une perspective critique qu'il s'agit de trouver. C'est ici dans le texte que rentre le petit bonhomme, et, encore une fois, il cherche des liens, des tensions entre les différents mots ou parties du texte. Et c'est de l'intérieur du texte qu'il travaille. Par exemple, il s'interroge sur le sens du mot « projet » dans un texte de Sartre. Il doit chercher la réponse dans le texte qui lui est proposé, et nulle part ailleurs. Bien sûr, ici comme avant, il finira par en sortir – par sortir de la partie explicative. Ce sera la partie critique. Plus il y aura de débat entre les deux parties, meilleur sera le devoir. Ici aussi, notre petit bonhomme doit chercher à rendre problématique l'opposition entre la thèse de l'auteur et une antithèse : il doit chercher, ici aussi, à dramatiser les enjeux. —

UN KIT POUR AFFRONTER LA DISSERT

La dissertation est ce moment parfois redouté où se joue votre année de travail de terminale. Il s'agit d'un exercice qui a ses règles. Pour parvenir à un bon résultat, il est impératif de ne pas vous laisser déborder et de vous appuyer sur un timing serré. —
PAR OLIVIER DHILLY

Même si cela peut paraître long, quatre heures c'est court pour faire un devoir complet le jour J. Il s'agit donc de bien vous organiser. Vous avez sans doute déjà fait l'expérience de ces moments où, parce que votre copie doit être ramassée, les idées viennent d'elles-mêmes et s'écrivent avec facilité. L'idéal serait de retrouver cet état de tension. Pour cela, il est important de gérer votre temps. Voici un petit programme à suivre pendant vos quatre heures d'examen. Essayez de le respecter au mieux, car ce n'est pas sur vos intentions cachées que vous serez évalué, mais sur le résultat.

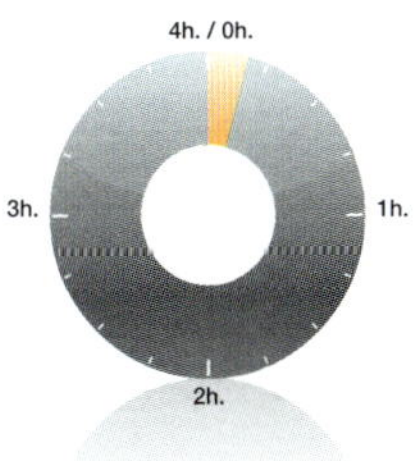

Bien comprendre le sujet

0h00-0h10

D'abord, il faut choisir. Attention, cette étape est importante car définitive. Une fois déterminé, il ne faut pas, au bout de trente minutes, changer d'avis. Comme le dit Descartes, si vous êtes perdu dans la forêt, le meilleur moyen est de choisir une direction et de vous y tenir ! Ne vous précipitez pas sur le premier sujet venu parce qu'il comporte un terme qui semble vous rappeler un chapitre de votre cours. Réfléchir ne consiste pas à faire travailler sa mémoire ! Lisez attentivement les trois sujets et, pour les dissertations, analysez chaque question posée. Identifiez ce qu'on vous demande. Une dissertation n'est pas la récitation d'une question de cours, mais un travail de réflexion. Quelle question vous donne envie de penser ?

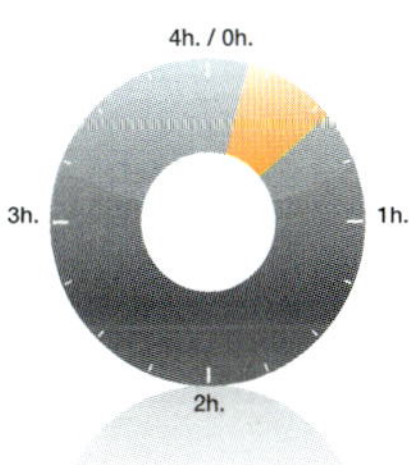

Saisir le problème

0h10-0h35

Votre choix est fait, oubliez les autres sujets. Les sujets de dissertation, le jour du bac, se présentent sous une forme interrogative. Formuler une problématique, c'est d'abord transformer une question en un problème. Avant même de vous demander ce que vous allez raconter et à quoi le sujet vous fait penser, il faut déterminer en quoi il pose problème. En d'autres termes, une question vous est posée, une première réponse vous paraît évidente, il faut alors vous demander en quoi cette dernière est insuffisante ou en quoi une autre réponse serait possible. Dès lors, puisque la première réponse ne suffit pas, ou puisque plusieurs réponses sont possibles, cela signifie qu'il y a un problème. Un exemple : « Faut-il vouloir la vérité à tout prix ? »

On condamne généralement le mensonge et l'erreur. Pourtant, on dit également que toute vérité n'est pas bonne à dire, car la vérité peut blesser. Dès lors, quelle valeur accorder à la vérité ?

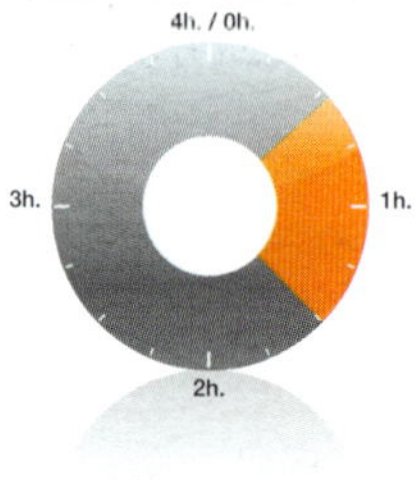

Rassembler ses connaissances

0h35-1h30

Une fois le problème posé, il s'agit de mettre en place les éléments qui vont permettre de le résoudre. Une première réponse à la question vous est venue, vous devez chercher tous les arguments, les exemples et les références qui permettent d'aller dans ce sens. Attention, ce n'est pas au nombre d'idées ni au nombre de tirets que vous construirez votre dissertation. N'oubliez pas que, bien souvent, on se retrouve avec un brouillon bien rempli et on ne sait plus quoi en faire. Vous avez une première idée, prenez une feuille vierge, écrivez-la et cherchez sur cette feuille les éléments vous permettant de la soutenir. Par exemple : quelles sont toutes les raisons pour lesquelles on condamne le mensonge, l'erreur et l'illusion ? N'oubliez pas de numéroter vos brouillons ! Et interrogez-vous sur les conséquences de ce que vous avez dit. Par exemple : ne peut-il pas parfois y avoir une valeur de l'illusion ou tout au moins une fonction, une utilité ? Là, vous rassemblez vos connaissances de nouveau…

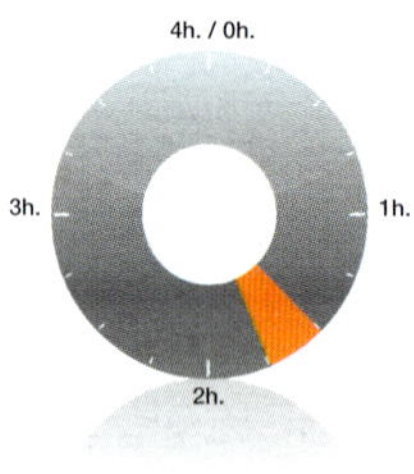

Construire son plan

1h30-1h45

Un plan, généralement en trois parties, est l'organisation des idées pour répondre à la question. Une fois que vous avez posé le problème et cherché des arguments, vous pouvez le construire. Il est toujours progressif. Reprenez tout ce que vous venez de faire et marquez les grandes lignes que vous allez suivre.

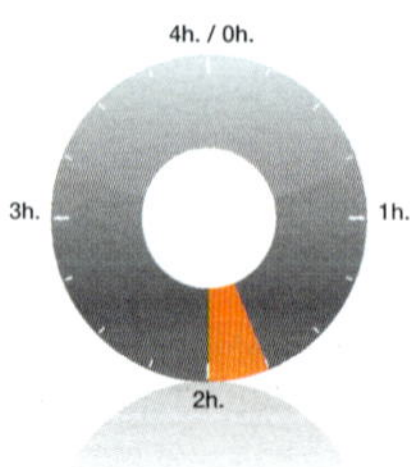

Composer une introduction

1h45-2h00

C'est l'heure de se mettre à rédiger. Débutez par l'introduction, que vous pouvez faire au brouillon. Même si vous n'avez pas établi tout ce que vous allez dire, il faut vous lancer pour avoir assez de temps pour rédiger. L'introduction doit rendre visible le problème et les enjeux du sujet. Dès la première phrase, vous devez donner envie au correcteur de lire la suite. Pensez à la quatrième de couverture d'un bon roman policier et mettez l'intrigue en scène. L'essentiel est de montrer en quoi la première réponse que l'on pourrait avoir ne suffit pas. L'intro peut donc se dérouler en trois temps : la réponse immédiate ou l'accroche, suivie d'un terme d'opposition (pourtant, cependant, néanmoins...) ; les limites de cette réponse ; et, enfin, le problème et ses enjeux.

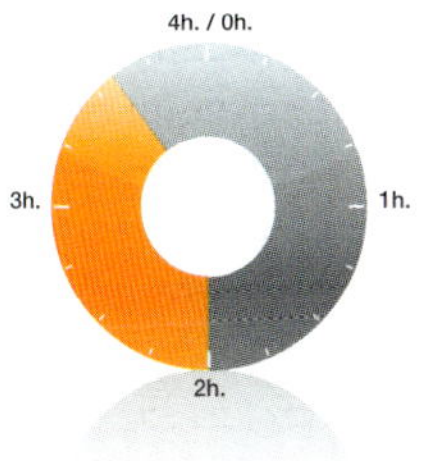

Rédiger le développement

2h00-3h35

La rédaction du développement va se faire directement au propre. Il vous reste alors 1 h 35 pour le rédiger. Cela fait globalement trente minutes par partie. Si vous avez bien organisé votre brouillon et numéroté vos feuilles, cela doit vous faciliter la tâche. Posez-vous une question centrale : « Qu'est-ce que je veux montrer dans cette partie ? » C'est cette idée qui doit, à chaque fois, vous guider. Faites des paragraphes. Si vous êtes bloqué, une seule question à vous poser : « Que voulais-je dire ? », et dites-le simplement. N'écrivez jamais une page d'un bloc. Aérez votre discours. Passez des lignes entre chaque partie, allez à la ligne après chaque paragraphe.

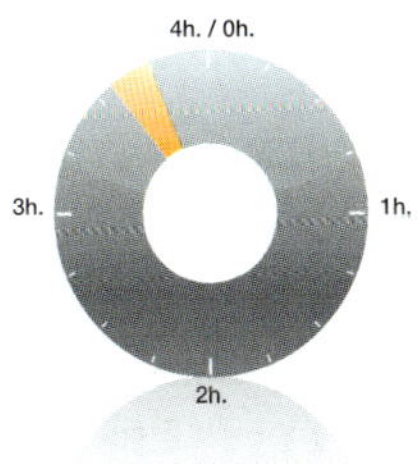

Écrire la conclusion

3h35-3h45

Il ne s'agit pas de résumer le devoir, mais de répondre à la question posée. Vous avez montré en quoi elle posait problème (dans votre introduction), vous avez construit une argumentation pour répondre (c'était votre développement), maintenant, vous répondez. Le plus simple peut être de relire votre introduction pour donner une unité à votre devoir. Inutile de chercher une citation décorative pour ouvrir le propos... Ne vous posez pas trop de questions de forme, répondez simplement.

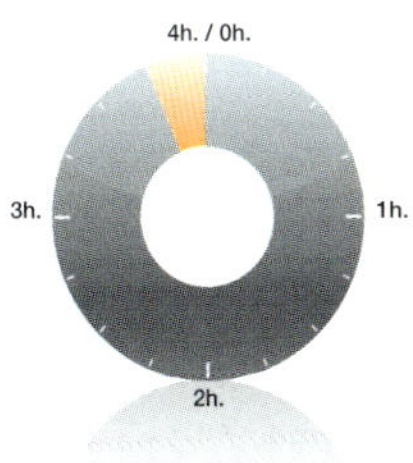

Relire le devoir

3h45-3h59

C'est la dernière étape. Inutile alors de chercher à reformuler des choses. Ne barrez rien, le stress risque de vous rendre mauvais juge. Corrigez simplement les fautes que vous voyez, et soulignez les titres des œuvres que vous avez citées. —

À PROSCRIRE

LE PLAN « OUI »-« NON »-« BOF »

On dit parfois qu'un plan est « dialectique », entendant ainsi qu'il faut dire d'abord « oui », puis « non » et, enfin, « ça dépend ». Or si « ça dépend », c'est qu'il y a un problème. Il est d'ailleurs absurde de dire une chose qu'on sait fausse, pour dire ensuite le contraire…

LE PLAN À TIROIRS

Par exemple, si l'on a un sujet du type « Peut-on être libre et heureux ? », évitez ce plan : 1. Qu'est-ce qu'être libre ? / 2. Qu'est-ce qu'être heureux ? / 3. Peut-on être libre et heureux ?

À CHOISIR

LE PLAN PROGRESSIF

La méthode la plus simple consiste à étudier chaque aspect d'une notion, jusqu'à en avoir fait le tour. Prenons un exemple : « Faut-il oublier son passé pour se donner un avenir ? » 1. Vous pouvez remarquer que, si « oublier » signifie « faire comme si le passé n'existait pas », ce serait une erreur. 2. Mais si « oublier » signifie « se libérer du poids du passé pour s'élancer vers l'avenir », alors l'oubli est précieux. 3. Vous pourrez vous interroger sur le caractère sélectif de l'oubli. La progression est ici assurée par l'approfondissement du sens du terme central de la question.

DÉNICHER LE BON PLAN

« Que dois-je mettre en troisième partie ? », « Dois-je faire un plan dialectique ? », « Doit-on faire deux, trois ou quatre parties ? ». Ces questions reviennent sans cesse. Le plan semble donc focaliser toutes les attentions. Pourtant, il ne faut pas oublier que cette obsession est liée à celle du problème posé. —

PAR OLIVIER DHILLY

LE PLAN QUI RESTITUE LE COURS

Un terme du sujet rappelle invariablement une notion abordée en classe. On peut donc être tenté de réciter tout ce que nous en a dit le cours. Et là, le risque est grand de ne pas traiter le sujet. Ainsi, si « Toute vérité est-elle bonne à dire ? » est un sujet sur la vérité, « Le moi est-il vraisemblable ? » l'est aussi. Mais les deux sujets n'ont rien à voir. Donc, il ne s'agit pas ici de restituer un cours sur la vérité. Travailler son cours est essentiel, mais les notions sont liées entre elles. Par exemple, ce qui a été dit sur la morale peut être utile pour la question de la vérité.

LE PLAN A / CRITIQUE DE A / B

C'est un plan nécessairement dynamique, vraiment très « philosophique » et assez facile à mettre en place. Vous commencez, dans la première partie, par répondre à la question en développant la thèse A. Puis vous montrez, dans la deuxième partie, que cette thèse A pose problème. Enfin, porté par cette critique du A, vous prenez parti pour la thèse B (qui est donc l'antithèse de A). Considérez que la deuxième partie est un moment de rebondissement, et qu'en elle vous prenez votre élan pour sauter, bondir, vers la troisième partie.

SUJET 3 : EXPLIQUER LA DISSERT D'UN AUTRE

En général, ce sujet rassure. On se dit : puisqu'il y a un texte, on aura quelque chose à dire. Mais gare à l'illusion de facilité ! Le risque est de ne pas comprendre le texte ou de le paraphraser sans l'expliquer au lieu de le prendre à bras-le-corps, de se demander sans cesse ce que dit l'auteur et pourquoi il le dit, de saisir parfois aussi ce qui n'est pas dit… —

PAR OLIVIER DHILLY

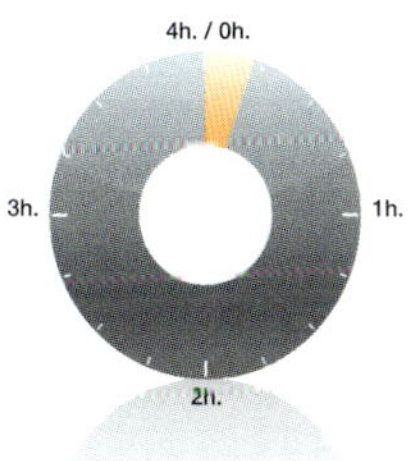

Choisir sereinement

0h00-0h10

Comme pour la dissertation, il faut se donner le temps de choisir son sujet. Ne vous précipitez pas sur le texte en considérant que vous allez le prendre quoi qu'il raconte. Lorsque vous le lisez, faites-le, dès le début, un crayon à la main, dès la première lecture, en notant dans la marge les grandes idées. Votre choix est fait ? Il est temps alors d'oublier les autres sujets !

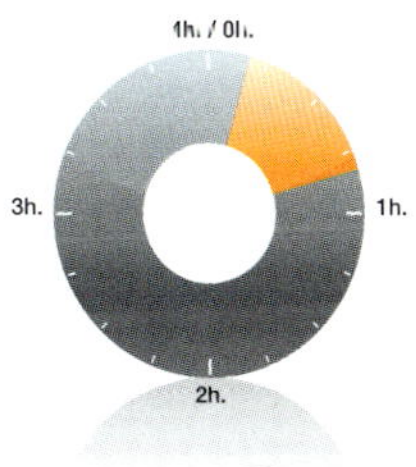

Relever les concepts importants

0h10-0h50

Effectuez une lecture plus serrée afin de déjà distinguer les éléments qui vont vous servir. Vous devez parvenir à dégager le sens du texte. Notez, sur une feuille, chaque chose dite dans le texte, même si vous avez le sentiment de vous répéter. À côté de chaque élément noté, relevez les concepts clés. Faites-le pour la totalité du texte. Pour chaque concept relevé, notez à côté le concept opposé. Par exemple, dans la phrase de Bachelard « *Il suffit que nous parlions d'un objet pour nous croire objectifs* », on trouve le verbe « parler » : il est donc question du langage ; « objectif » s'oppose à « subjectif », etc.

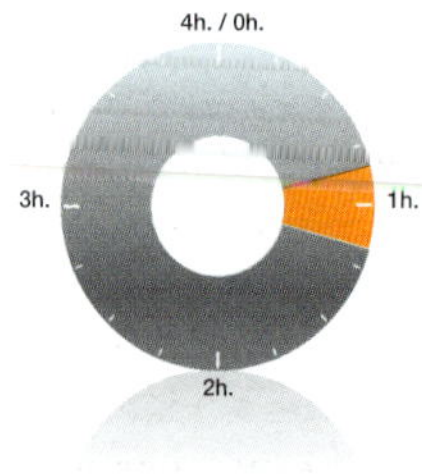

Dégager le thème, la thèse, les enjeux

0h50-1h10

Une fois le texte relu attentivement, vous avez toutes les cartes en main pour saisir à quoi le texte s'oppose et laisser apparaître des éléments qui ne sont pas nécessairement explicites. Dès lors, relevez le thème du texte (de quoi le texte parle), puis la thèse développée : ce que l'auteur cherche à dire et à soutenir, et donc ce à quoi il s'oppose. Demandez-vous alors quel est l'intérêt de soutenir une telle thèse, quel peut en être le but. Il s'agit là des enjeux. Comme dans une dissertation, où vous avez des raisons de dire ce que vous dites, l'auteur ici a ses raisons ; c'est ce qu'il faut mettre en avant.

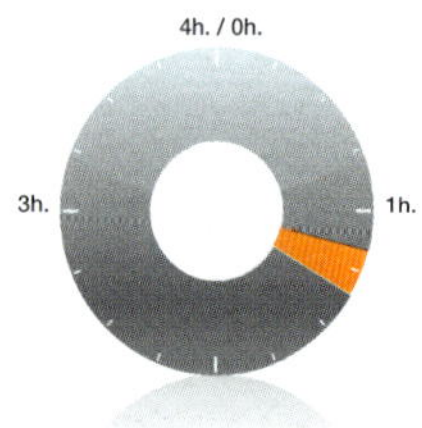

Construire le plan de l'explication

1h10-1h20

Pour soutenir une thèse, tout texte a une organisation qui lui est propre. Le plan de votre explication de texte va donc suivre celui du texte. Relevez donc les étapes que l'auteur suit pour soutenir sa thèse.

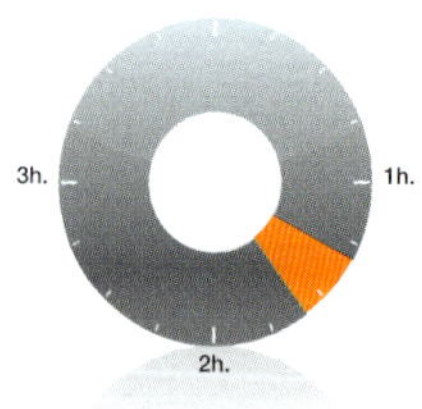

Composer l'introduction

1h20-1h40

Votre introduction rédigée doit suivre les étapes suivantes :
- Thème (de quoi parle le texte ?).
- Thèse (quelle thèse soutient-il ?).
- Mouvements (quelles sont les étapes suivies par l'auteur ? Vous devez alors être précis et dire : « de [citez] […] à […] [jusqu'à la fin du passage], le texte nous dit que… ; puis de [citez] […] à […], il nous dit que… », et cela pour tout le texte).
- Argument (sur quel argument repose sa thèse ?).
- Problème (quel problème pose-t-il ?).
- Enjeux.

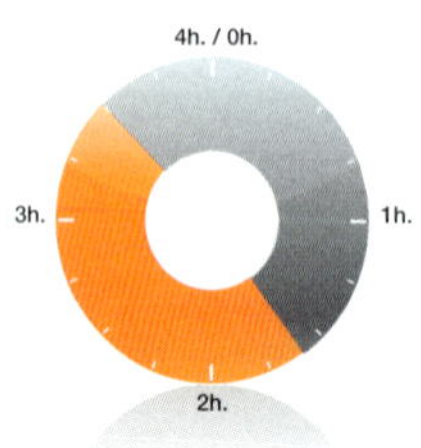

Rédiger le développement

1h40-3h30

Ne cherchez pas à construire un plan particulier. Vous avez dégagé les mouvements et l'organisation du texte, suivez-les. Vous aurez autant de parties qu'il y a de mouvements. Généralement, les textes font entre quinze et vingt lignes et vous ne vous retrouverez pas avec plus de

trois ou quatre parties. N'écrivez pas plus d'une dizaine de lignes sans avoir cité un mot ou un groupe de mots que vous êtes en train d'expliquer. Il ne s'agit pas pour autant de recopier une phrase et de la décrypter ensuite, mais vous devez rédiger des paragraphes comme pour une dissertation. Expliquer n'est pas simplement dire ce que dit le texte, mais dire à chaque fois pourquoi le texte dit ce qu'il dit et pas autre chose. À l'issue de chaque partie, faites une transition. Son principe est simple : en une phrase, faites le bilan de ce que vous avez expliqué, puis annoncez le problème qui se pose encore. L'essentiel est de suivre le texte mot à mot ! Pour rédiger un paragraphe, nous vous conseillons de suivre cet ordre :
– Annonce de l'idée.
– Argumentation (en citant le texte, on peut construire une argumentation : « c'est en ce sens que Platon nous dit que... »).
– Bilan.
Il ne faut pas hésiter à dire les choses trois fois : on dit ce qu'on va dire, on le dit et on dit qu'on l'a dit... Si un passage vous semble obscur, ne le laissez pas de côté. Il vaut mieux faire part d'une difficulté de compréhension, proposer des lectures différentes, que d'ignorer un point sans doute important.

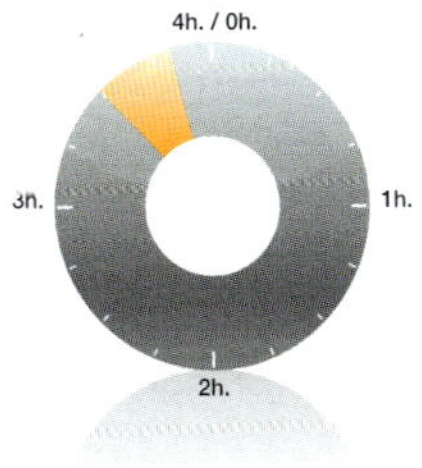

Écrire la conclusion

3h30-3h50

Vous avez expliqué un texte, ses arguments et la stratégie de l'auteur ; certains points restent parfois problématiques ou discutables. C'est ici que vous pouvez en faire part. Dans ces conditions, votre conclusion peut être plus longue que dans une dissertation. Toutefois, évitez les formules telles que « Platon a tort quand il dit que... » ou « Ce texte est assez bien construit... » Ne le dites pas, montrez-le, c'est le but de l'exercice.

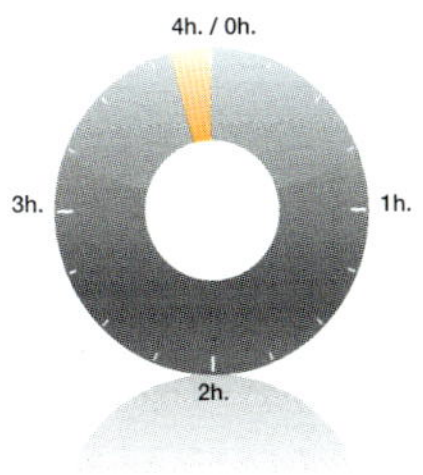

Relire le devoir

3h50-3h59

Dernière étape, relisez votre devoir. Corrigez vos fautes d'orthographe, vérifiez que vous n'avez pas mal retranscrit le nom de l'auteur, une telle faute répétée dans le texte peut être un peu agaçante...

EXPLIQUER ET DISSERTER : LE MÉLANGE DES GENRES

En séries technologiques, le sujet 3 comporte des questions qui répondent aux règles de l'explication de texte ou à celles de la dissertation. L'écueil, dans ces filières ? Une argumentation succincte et peu diversifiée. Voici quelques conseils méthodologiques pour vous aider à vous sentir plus « libre » d'exprimer votre singularité. —

PAR OLIVIER DHILLY ET CHARLES PÉPIN

Le sujet 3 des séries technologiques diffère de celui des séries générales. Votre travail doit être guidé par trois questions.

Première question : on vous demande de dégager l'idée générale du texte et les étapes de l'argumentation. L'idée générale, ou la thèse, correspond à ce que l'auteur veut soutenir. Il est impératif de soigner la rédaction de votre réponse. Cela ne vous coûte rien, votre correcteur appréciera et, enfin, c'est presque la règle ! N'écrivez donc pas simplement : « La thèse de l'auteur est… », mais faites des phrases complètes et enchaînées. Par exemple : « Dans ce texte qui traite de la question de… X soutient l'idée selon laquelle… » **(30 min).**

Deuxième question : expliquez deux ou trois expressions tirées du texte. Rappelez-vous un principe essentiel : vous devez pouvoir expliquer le cheminement de l'auteur de manière claire. Ne répétez pas ce que la phrase dit, mais dites pourquoi l'auteur dit ce qu'il dit, cherchez quelles peuvent être les raisons d'affirmer ce qui est dit et commencez par une explication au brouillon avant de vous lancer **(45 min).**

Troisième question : c'est sur votre capacité à mener à bien la réponse à cette troisième question que sera principalement évalué votre travail. C'est votre esprit critique, votre sens de l'analyse et votre rigueur qui pourront être mis en valeur. Bien sûr, aucun barème fixe ne s'impose à votre correcteur, mais il n'est pas rare de voir cette question appréciée pour la moitié de la note. Sur la forme, on peut dire que votre réponse sera moins longue qu'une vraie dissertation, mais, sur le fond, l'esprit reste le même : vous devez proposer un raisonnement rigoureux, précédé d'une courte introduction qui tentera de problématiser le sujet et qui indiquera votre plan. Vous n'oublierez pas de conclure brièvement pour restituer les étapes de votre réflexion. L'intérêt de cette troisième question, c'est de vous permettre de prendre du recul par rapport au texte pour proposer d'autres réponses ou élargir la thèse du texte. Vous pouvez donc, pour lancer votre devoir, vous appuyer sur le texte **(2h30).** — O.D.

CINQ SECRETS POUR SE DISTINGUER

D'après les correcteurs du bac de philo, les copies rendues par les séries techno ne sont souvent pas assez longues pour traiter vraiment le sujet ! Si vous voulez vous distinguer, vous devrez donc développer votre argumentation. Mais, attention, sans délayer…

1. Argumentez depuis différents points de vue

Le premier secret, c'est de développer son propos, et pour cela de diversifier l'argumentation. Comment ? En multipliant les plans sur lesquels la question se pose : sur le plan politique, religieux, économique, social, métaphysique, sportif, médical, etc. C'est une méthode en or pour faire venir les idées (mais pas pour construire un plan). Sur le sujet « Faut-il avoir peur de la technique ? », en se référant au plan politique, on pense au rôle des experts et à leur place discutable dans une démocratie. La référence au plan religieux évoque ainsi les dieux de l'Olympe condamnant Prométhée pour avoir volé le feu (la technique) ou certaines mouvances catholiques condamnant la technique de l'avortement. Se référer au plan sportif fait penser aux méfaits du dopage ; la référence au plan médical, aux greffes qui sauvent des vies… Cet effort pour diversifier l'argumentation autant que les points de vue enrichira votre réflexion, dans la dissertation tout comme dans la réponse à la dernière question de l'explication de texte.

2. Reliez toujours votre propos au sujet

Deuxième secret : toujours relier votre propos au sujet. Pour cela, deux « trucs » : donner à chaque partie un titre constituant une réponse directe à la question du sujet (mais inutile de l'écrire sur la copie, c'est juste un repère pour

> « Multiplier les plans (politique, économique, social…) sur lesquels la question se pose est **une méthode en or pour faire venir les idées** »

« Commencez par vous demander quelle est la position la plus répandue sur la question, **puis essayez d'en montrer les limites** »

vous) et reprendre dans vos formulations le libellé exact de la question (en dissertation comme dans les réponses aux questions sur le texte). Vous éviterez ainsi les hors-sujets.

3. Déconstruisez les clichés et les lieux communs

Troisième secret : exprimer une distance avec l'opinion commune. Le principal défaut des copies étant leur trop grande proximité avec le sens commun, ou tout simplement les clichés, n'hésitez pas à formuler clairement votre soupçon à l'égard d'une position commune. Commencez par vous demander quelle est la position la plus répandue sur la question, puis essayez d'en montrer les limites. Le fait d'essayer vous garantira déjà la sympathie du correcteur.

4. Élaborez des distinctions conceptuelles

Quatrième secret : pour la dissertation ou pour la dernière question de l'explication de texte (une minidissertation), élaborez des distinctions conceptuelles à partir des termes du sujet. C'est souvent moins difficile que cela en a l'air. Et, de toute façon, vous serez récompensé pour avoir simplement essayé. Par exemple, sur le sujet « Faut-il avoir peur de la technique ? », distinguez « faut-il » au sens moral, proche de « doit-on » (la technique peut être effrayante lorsqu'elle nous conduit à instrumentaliser autrui, à lui manquer de respect), de « faut-il » compris comme « est-il nécessaire ? » (dans ce cas, il peut être nécessaire de se méfier de la technique, pour rester vigilant et ne pas se jeter sans réfléchir sur n'importe quelle innovation).

5. Évitez le plan en deux parties

Cinquième secret : pour la dissertation comme pour la dernière question de l'explication de texte, évitez absolument le plan en deux parties (oui/non, oui/mais…), qui signe la copie faible. Débrouillez-vous pour trouver trois parties. Par exemple, premièrement : oui. Deuxièmement : critique des idées du premièrement. Troisièmement : donc non. — C.P.

DU SUJET AU PLAN… COMMENT FAIRE ?

Attention, cette phase ne se fait que sur votre feuille de brouillon – même si vous ne manquerez pas de vous en servir copieusement dans votre introduction et dans l'ensemble de votre copie… Vous devez effectuer :

1/ une analyse grammaticale de la question posée (sujet, verbe, compléments…). Cela vous permettra de repérer la structure générale de la question, d'en découvrir la logique.

2/ une analyse de tous les termes du sujet. À chaque fois, demandez-vous quelle aurait pu être une formulation légèrement différente, mais qui n'est pas celle choisie. Cela vous aidera à comprendre pourquoi on vous pose CETTE question et pas une autre, pourtant proche. Analysez chaque terme en cherchant les synonymes, les antonymes (sens contraires), l'étymologie, les expressions courantes, proverbiales, philosophiques ou littéraires que vous connaissez utilisant ce terme… Et tout ça sans dictionnaire ! Faites jouer vos connaissances et vos souvenirs dans pas mal de domaines et repérez plusieurs définitions possibles de chaque terme (idéalement trois). —

PAR MICHEL ELTCHANINOFF

ANALYSE

Le sujet : « L'art ». C'est le premier terme à traiter. / **Le verbe :** « éloigner » au présent de l'indicatif. Il ne s'agit pas un verbe d'état (comme « être »), mais d'action / **Un complément d'objet direct :** « nous » / **Un complément d'objet indirect :** « de la réalité »
Il s'agit donc de mettre « l'art » en lien avec son action (le verbe « éloigner ») sur l'homme (« nous ») par rapport à quelque chose de fondamental pour nous qui est « la réalité ».

« nous »

C'est une manière de parler de nous sans assigner un concept de plus (du type « les hommes » ou « l'humanité »). Nous, c'est à la fois collectif et individuel.

L'art nous éloign

« L'art »

La question ne porte pas sur des disciplines artistiques particulières, mais sur l'art dans son ensemble. Le sujet aurait pu spécifier s'il concerne la pratique artistique ou la contemplation mais puisqu'on vous demande de vous interroger sur l'art en général, il faudra traiter les deux aspects.

SENS 1 (A1) Si l'on en croit l'étymologie, « art » signifie « technique » : il faut savoir manier un pinceau, des notes ou des mots. L'art ainsi compris comporte plusieurs aspects : acquisition et connaissance des règles ; maniement d'instruments ou maîtrise de son corps ; contact avec la matière sensible ; création d'une nouvelle réalité.

SENS 2 (A2) Mais l'art vise aussi à produire de la beauté, un effet esthétique, qui n'est pas totalement rationnel et ne correspond pas aux critères de l'utilité. Lorsque nous écoutons de la musique, nous ne gagnons rien, n'apprenons rien. Nous ne sommes plus dans les règles de la « vie normale », mais dans un rapport libre et gratuit à ce que nous contemplons.

De cette définition esthétique peuvent découler deux visions. Dans une première perspective **(A2a),** l'art ne sert qu'à créer un monde imaginaire. Le mouvement de « l'art pour l'art » considère que l'art ne saurait s'abaisser à décrire une réalité que l'on cherche à oublier. Dans une seconde perspective **(A2b),** l'art constitue un regard sur le monde. En contemplant *Guernica,* le tableau de Picasso, on éprouve la terreur du peuple espagnol bombardé. Ici, l'art signifie réélaborer le monde grâce à un nouveau regard porté sur lui.

« éloigne »

Toute la question, avec ce verbe très plastique est de savoir si l'éloignement nous place juste un peu plus loin ou nous fait perdre la réalité.

SENS 1 (E1) Éloigner peut signifier simplement prendre un peu de distance, mais pas trop.

SENS 2 (E2) Éloigner peut nous emmener suffisamment loin pour totalement couper le rapport que nous entretenions avec ce qui nous entoure. Quand on s'éloigne de quelqu'un on risque de l'oublier complètement.

SENS 3 (E3) Éloigner peut signifier faire un pas en arrière pour mieux voir, prendre un peu de distance pour mieux apprécier la chose. Il faut parfois reculer un peu et s'éloigner de ce qu'on a juste sous les yeux pour bien le voir.

-t-il de la réalité ?

« réalité »

Vous avez étudié une notion très proche, « la raison et le réel ». La réalité, du latin *res*, la « chose », désigne tout ce qui existe de manière avérée indépendamment de nous. Mais il y a plusieurs manières de l'appréhender.

SENS 1 (R1) On peut insister sur le caractère social de la réalité : la vie quotidienne, le travail, la famille, les ennuis, les petits bonheurs. Mais cette réalité est déterminée par des mécanismes tout aussi réels : organisation du travail et de l'économie, coutumes et mœurs… La réalité, c'est tout ce qui se trouve en avant-plan ou en arrière-plan de notre vie, et qui dépend de règles de fonctionnement plus ou moins bien connues. Le contraire de la réalité dans ce sens, c'est le rêve, voire l'illusion, par exemple quand on s'imagine que le monde fonctionne suivant des règles imaginaires.

SENS 2 (R2) On peut insister sur le caractère sensible de la réalité. C'est ce que nous voyons, touchons, entendons, sentons, goûtons, ce sur quoi nous agissons avec notre corps. Ceci exclut l'irréel des idées, des abstractions mathématiques, des rêveries, des émotions (lorsqu'elles n'ont pas de manifestation sensible, comme le cœur qui bat ou les larmes qui coulent).

SENS 3 (R3) On peut enfin insister sur l'ensemble visé par cette notion : le monde dans son entier, dans toutes ses dimensions, son histoire et son actualité, par opposition à la vie subjective et fatalement fragmentaire qui est la nôtre. Notre existence est fragmentaire, tandis que la réalité est l'ensemble des choses qui existent.

L'art nous éloigne-t-il de la réalité ?

PROBLÉMATISATION

Au premier abord, il semble évident que l'art nous éloigne de la réalité. Lorsque l'on s'immerge dans un beau film, on en vient à oublier totalement le monde réel, et même ses problèmes personnels. Néanmoins, quand on sort du cinéma, la réalité revient, parfois comme une claque à la figure.

Cette vision de l'art, assez communément partagée (on dit qu'un film fait passer un bon moment, qu'une musique nous permet de nous évader, qu'un beau tableau nous emporte ailleurs, etc.), implique cependant plusieurs difficultés :

- Éloignement signifierait oubli de la réalité. Or, oublier la réalité est un problème. Il faut essayer de résoudre ses soucis personnels, les injustices sociales ou politiques, les questions privées et publiques. Se donner une « piqûre d'art » de temps en temps n'est pas une solution.
- L'art deviendrait alors quelque chose d'utile pour supporter la dure réalité. À la limite, ceux qui profitent de cette situation (un dictateur, par exemple) donneraient un accès massif à l'art pour que le peuple ne pense plus à ses souffrances réelles.
- Mais peut-on définir l'art ainsi ? N'est-ce ranger l'art sous la catégorie du divertissement ? Ne confond-on pas un beau film, profond et émouvant, et une émission de télévision ? L'art, au fond, n'est-il pas davantage qu'un moyen d'oublier le réel ?

Si on comprend le sujet ainsi, sans véritable réflexion philosophique, on perd 1/ la réalité (puisqu'on ne se donne pas les moyens de la transformer ou d'agir sur elle), 2/ nous-mêmes (on devient victimes d'un art aliénant), 3/ et même l'art (qu'on confond avec les jeux du cirque). Il nous faut donc aller plus loin.

COMMENT RÉPONDRE PHILOSOPHIQUEMENT ?

En proposant trois hypothèses qui s'enchaînent de la plus simple à la plus élaborée, et qui reprennent les analyses des termes du sujet qu'on vient d'effectuer. Un bon « truc » consiste à reprendre, dans chaque partie, un sens des termes, et de les faire correspondre à un sens d'un autre terme.

Ainsi : l'art comme activité qui nous fait ressentir un plaisir gratuit **(A2a)** nous coupe **(E2)** de la réalité considérée comme la vie sociale dans son ensemble **(R1).** Dans ce cas, l'art est surtout un divertissement.

Mais on peut aussi dire que l'art est d'abord une activité essentiellement technique **(A1).** Donc l'activité artistique ne nous coupe pas du tout de la réalité en tant qu'univers sensible. Elle la met à portée de main **(E1).** Au contraire, l'art nous relie à la matérialité, aux règles, aux gestes, à l'aspect sensible de la réalité **(R2).**

Exemple : la pratique de la peinture, qui suppose une grande discipline et une observation très rigoureuse de la réalité…

Enfin, si on considère l'art comme une manière de connaître le monde de manière différente **(A2b),** on considère qu'éloigner signifie ici prendre du recul **(E3)** pour mieux voir. Grâce à l'art on peut revenir vers le monde **(R3)** pour mieux l'appréhender que dans notre vie quotidienne morcelée et dispersée.

Exemple : la littérature.

UN PLAN POSSIBLE

1 L'art nous fait oublier la réalité sociale en nous emmenant dans des mondes imaginaires.

Auteurs possibles
Platon, Marx

Problème que cela pose (à utiliser pour une transition)
L'art devient alors synonyme d'aliénation sociale et politique.

2 La pratique artistique nous plonge dans la réalité matérielle et technique des choses

Auteurs possibles
Aristote, Diderot

Problème que cela pose (à utiliser pour une transition)
L'art perd son caractère synthétique de révélation du monde dans son ensemble.

3 L'art ne nous éloigne de la réalité que pour permettre de mieux l'appréhender dans son essence

Auteurs possibles
Hegel, Merleau-Ponty

ANALYSE

Analyse grammaticale / Quelle est la forme générale de la question ? « Qu'est-ce que… » – et pas « Faut-il… », « Peut-on… », « Doit-on… », « Pourquoi… » – exprime une interrogation sur l'essence d'un phénomène. C'est à la fois la question la plus simple… et la plus difficile. On vous demande une définition. Il faut impérativement la fournir en conclusion. **/ Analyse des termes /** Il faut analyser les deux mots sur lesquels on vous demande de vous arracher les cheveux – « prendre » et « conscience » – d'abord séparément, puis ensemble.

Qu'est-ce que pre

« prendre »

SENS 1 (P1). « Prendre » est l'archétype de l'action. C'est un verbe transitif. Prendre, c'est prendre quelque chose : attraper, saisir, s'emparer de, tenir. Il y a parfois une connotation de brutalité, voire de violence : arracher, s'attribuer. Pensez aux expressions utilisant ce terme : « prendre possession », « prendre une ville à l'ennemi », « prendre le pouvoir », « prendre les choses en main », « prendre la parole », « prendre quelqu'un en flagrant délit », « prendre en faute », etc. Prendre est une expression du moi, de sa volonté et de sa puissance.

SENS 2 (P2). Mais « prendre », dans un sens plus figuré, est beaucoup moins « possessif ». Ce verbe signifie alors passer ou emprunter avant de rendre, utiliser pour un certain temps : « prendre un bain », « prendre un chemin », « prendre la porte », « prendre quelqu'un en passant en voiture », « prendre les jambes à son cou ». À la limite, c'est nous-mêmes, dans ces situations qui sommes pris : « pris » par un film, par une histoire…

SENS 3 (P3). « Prendre », c'est enfin choisir quelque chose parmi d'autres choses, pas forcément après avoir réfléchi, d'ailleurs : « prendre un exemple », « prenez un pays au choix, ou au hasard… » Avec ce sens particulier du verbe, on insiste beaucoup moins sur l'aspect de conquête et de possession que sur celui de sélection, qui induira une certaine interprétation. La « prise » de tête continue…

« Prendre conscience »

Il s'agit d'une expression comportant un verbe. On ne vous demande pas « Qu'est-ce qu'une prise de conscience ? » ni « Qu'est-ce qu'avoir conscience ? » Avec le verbe « prendre », on insiste sur l'aspect actif du phénomène.
« Prendre conscience », ce n'est par être en état de veille, percevoir, ni connaître le monde, ni se regarder soi-même, ni se juger moralement. Le verbe équivalent serait « réaliser » quelque chose. Tentez de décrire le phénomène, en prenant appui sur un livre ou un film : à la fin d'*Un amour de Swann* de Marcel Proust, Swann prend conscience du fait que la femme dont il avait été follement amoureux, au fond, « [n'est] *pas* [s]*on genre* ». Odette n'a extérieurement pas changé. Swann non plus. Mais il lui est arrivé un événement intérieur, il a « pris conscience » de ce qu'elle était pour lui. Cette prise de conscience s'accompagne d'une désillusion mais elle peut également être salutaire.

ndre conscience?

« conscience »

SENS 1 (C1). De manière très large, la conscience indique le rapport du sujet humain (moi) au monde. Elle équivaut à l'état de veille, donc à tout ce que nous remarquons et percevons, contrairement à l'état inconscient (quand nous sommes endormis ou assommés). La conscience est notre pont vers la réalité.
Sens contraire : être inconscient (au sens physique).

SENS 3 (C2). La conscience peut alors être considérée comme l'outil de la connaissance privilégié de l'homme. L'étymologie (elle est simple, pas besoin de dictionnaire pour cela !) indique que le terme vient du latin *cum* (« avec ») et *scientia* (« science »). Avoir conscience, c'est commencer à connaître, voire connaître complètement.
Sens contraire : être ignorant.

SENS 3 (C3). La conscience est aussi un rapport à soi, à son expérience vécue. Ce dont j'ai conscience appartient à mon intimité. Mon voisin n'en a peut-être pas conscience. Tant mieux, car tout ce que j'ai en moi n'est pas forcément très joli. Donc la conscience exprime quelque chose de personnel et de très riche.
Sens contraire : ne pas avoir conscience de soi-même.

SENS 4 (C4). Ne pas oublier non plus le sens moral du terme : la conscience est cette instance un peu mystérieuse qui permet de juger si j'ai bien fait, ou pas, de discriminer intuitivement le bien et le mal. Pensez aux expressions « avouer ce que l'on a sur la conscience », « avoir la conscience tranquille » ou « avoir un cas de conscience ».
Sens contraire : être sans conscience

Qu'est-ce que prendre conscience ?

PROBLÉMATISATION

Quand on reprend l'analyse de la question, on se rend compte que l'expression « prendre conscience » comporte une contradiction. Si l'acte de prise de conscience nécessite une volonté, une décision, une mise en œuvre et une réalisation, toutes ces étapes impliquent une conscience, de soi-même et de la situation. Il faut savoir, si l'on veut vraiment agir, de quelles forces on dispose, de quelle manière on va le faire, à quel moment on va passer à l'action, quand on va s'interrompre. Mais si l'on prend conscience, c'est qu'on ne l'a pas, qu'on n'en dispose pas avant de l'avoir prise. Lorsque Swann prend conscience de l'inanité d'Odette, c'est trop tard. Il s'est déjà engagé avec elle. Il y a donc une contradiction : comment peut-on prétendre agir, prendre quelque chose qui est la condition même de cette action ? Soit je possède la conscience et je n'ai alors pas besoin de la prendre. Soit je ne la possède pas et je ne peux donc rien prendre.

COMMENT RÉPONDRE PHILOSOPHIQUEMENT ?

Revenons sur les termes de la contradiction. Suis-je vraiment sans conscience quand je prends conscience ? Il existe plusieurs étapes de prise de conscience. C'est peut-être qu'il y a donc une conscience préexistante. L'enfant a conscience de sa présence au monde, mais pas encore d'être un individu, d'avoir telle ou telle identité… Existerait-il une conscience en puissance que j'actualiserais peu à peu ?
Par ailleurs, prendre conscience constitue-t-il une « prise » habituelle ? Prend-on conscience comme on prend un stylo ? Non, car la prise de conscience ne dépend pas toujours de ma volonté, de mon intelligence ou de ma force. Il ne s'agit pas forcément d'une action préméditée et consciente, mais d'une découverte imprévue, voire d'un choc. C'est la conscience qui me prend plutôt que l'inverse. Et parfois, c'est une tragédie. Mais cet acte, s'il peut être déprimant, constitue peut-être une avancée éthique qui permet de s'améliorer. Mieux vaut, si l'on veut prendre les bonnes décisions et se comprendre soi-même, être lucide que bercé d'illusions. Spinoza n'écrit-il pas : *« Ne pas rire, ne pas pleurer, ne pas haïr, mais comprendre »* ?
Comment prend-on conscience ? En élaborant soi-même les conditions de cette compréhension ou en attendant les conditions favorables ? En agissant sur le monde pour le faire advenir à la conscience ? Ou en agissant sur soi-même pour la faire advenir au monde ? Bref, comment articuler activité et passivité dans ce processus indispensable à une juste compréhension des choses.

UN PLAN POSSIBLE

1 Prendre conscience, c'est apprendre à connaître

Pour comprendre le monde dans sa vérité, au lieu de vivre dans l'erreur et l'errance, je dois assumer le fait de « prendre ma conscience », de la faire exister pour faire exister le monde **(C2).** Il faut donc acquérir une méthode, comme, par exemple, le doute systématique par rapport à tout ce que je vois et sais **(P1),** méditer, et finir par me rendre compte de l'existence indubitable de ma conscience en tant qu'elle est pensante.

Problème que cela pose (à utiliser pour une transition) : cette méthode ne dissimule-t-elle pas ce qu'il y a de presque miraculeux et d'éthique de la prise de conscience **(C4)** ? Il ne s'agit pas seulement de connaissance.

Auteur possible : Descartes et la découverte de l'« *ego cogito* »

2 Prendre conscience, c'est s'analyser pour rendre l'inconscient conscient

Grâce à une méthode fondée sur la parole, on peut faire émerger des désirs inconscients, car parfois honteux **(C3).** Du coup, on va explorer ces lapsus, rêves, associations et les interpréter **(P3),** afin de prendre conscience de ces événements refoulés hors de la conscience, pour s'accepter tel qu'on est.

Problème que cela pose (à utiliser pour une transition) : identifier la conscience et son intimité psychologique peut faire perdre la nature première de la conscience, qui est de percevoir le monde.

Auteur possible : Freud, la découverte de l'inconscient et la méthode psychanalytique

3 Prendre conscience, c'est s'oublier pour se donner au monde

La conscience, comme l'explique Edmund Husserl, est d'abord « *conscience de quelque chose* ». Elle n'est pas un lieu à explorer, même avec des méthodes originales, mais d'abord un acte en direction du monde extérieur **(C1).** Aussi prendre conscience passe-t-il par une « déprise » de soi **(P2),** un mouvement d'extériorisation qui m'offre une juste compréhension des choses. Si Swann découvre qu'Odette n'est pas son genre, c'est qu'il s'est dépris de son désir, de sa passion et a enfin regardé le monde tel qu'il est. Prendre conscience, c'est s'oublier pour se rendre capable de regarder les choses.

Auteur possible : Edmund Husserl et l'intentionnalité de la conscience

1. introduction synthétique

Sitôt que le service public cesse d'être la principale affaire des Citoyens, et qu'ils aiment mieux servir de leur bourse que de leur personne, l'État est déjà près de sa ruine. Faut-il marcher au combat? ils paient des troupes et restent chez eux; faut-il aller au Conseil? ils nomment des Députés et restent chez eux. À force de paresse et d'argent, ils ont enfin des soldats pour asservir la patrie et des représentants pour la vendre. //

2. le rôle négatif de l'argent

C'est le tracas du commerce et des arts, c'est l'avide intérêt du gain, c'est la mollesse et l'amour des commodités, qui changent les services personnels en argent. On cède une partie de son profit pour l'augmenter à son aise. Donnez de l'argent, et bientôt vous aurez des fers. Ce mot de finance est un mot d'esclave; il est inconnu dans la Cité. Dans un État vraiment libre les Citoyens font tout avec leurs bras et rien avec de l'argent: loin de payer pour s'exempter de leurs devoirs, ils paieraient pour les remplir eux-mêmes. Je suis bien loin des idées communes; je crois les corvées moins contraires à la liberté que les taxes.

3. le bon gouvernement et le processus de sa décadence

Mieux l'État est constitué, plus les affaires publiques l'emportent sur les privées dans l'esprit des Citoyens. Il y a même beaucoup moins d'affaires privées, parce que la somme du bonheur commun fournissant une portion plus considérable à celui de chaque individu, il lui en reste moins à chercher dans les soins particuliers. Dans une Cité bien conduite chacun vole aux assemblées; sous un mauvais Gouvernement nul n'aime à faire un pas pour s'y rendre; parce que nul ne prend intérêt à ce qui s'y fait, qu'on prévoit que la volonté générale n'y dominera pas, et qu'enfin les soins domestiques absorbent tout. Les bonnes lois en font faire de meilleures, les mauvaises en amènent de pires. Sitôt que quelqu'un dit des affaires de l'État, que m'importe? on doit compter que l'État est perdu.

L'attiédissement (a/) de l'amour de la patrie, l'activité (b/) de l'intérêt privé, l'immensité (c/) des États, les conquêtes (d/), l'abus (e/) du gouvernement ont fait imaginer la voie des Députés ou Représentants du peuple dans les assemblées de la Nation.

4. la représentation politique: le début de la fin

Jean-Jacques Rousseau, *Contrat social, livre III, chapitre XV*

ÉTAPE 1

LIRE LE TEXTE

Commencez par lire plusieurs fois et très attentivement le passage. Une première lecture vous permettra de comprendre le sens général. Une deuxième vous aidera à repérer les grandes articulations dans l'argumentation. Une troisième à souligner les concepts importants. Une quatrième et une cinquième, en prenant des notes sur votre feuille de brouillon à vraiment entrer dans le détail.

Restent deux choses fondamentales à faire : formuler la thèse du texte – quelle idée défend l'auteur ? Mais cela ne suffit pas, sinon on risque de faire de la paraphrase. Il faut également exprimer l'enjeu du passage, c'est-à-dire la question philosophique, à la fois précise et universelle, que pose le texte, et qui peut se poser à nous aujourd'hui. Allons-y.

ÉTAPE 2

DÉGAGER LA THÈSE DU TEXTE

L'auteur montre que dès que les citoyens d'un État se désintéressent des affaires qui concernent la communauté dans son ensemble et se débrouillent pour ne plus participer concrètement à la vie publique, c'est la nation elle-même qui est en danger. Pour le dire plus rapidement, plus les individus s'intéressent à leurs affaires privées, et plus ils détruisent le bien public.

Si l'on veut être plus précis, regardons plus précisément les arguments de l'auteur :

1. Quelles sont les causes du désintérêt des citoyens à l'endroit de l'intérêt général et la politique ? Ce sont le souci de l'argent (« *finance est un mot d'esclave* ») et la prééminence des intérêts privés.
2. Quelles en sont les conséquences ? La création d'une démocratie représentative, où l'on élit des députés pour faire le travail que nous devrions faire nous-même. Et la fin de la nation, donc le risque de domination extérieure ou de désagrégation interne qui peut mener à la dictature.

ÉTAPE 3

L'ENJEU DU TEXTE

Il est extrêmement contemporain. Rousseau nous dit que lorsque les citoyens ne s'intéressent plus à la politique et ne veulent plus participer à des tâches collectives et publiques, le risque est grand de voir la démocratie se vider de son sens et entrer en déliquescence.

Mais Rousseau a une thèse très radicale. D'après lui, le fait de payer des impôts (« *ils aiment mieux servir de leur bourse que de leur personne* ») plutôt que de participer à des travaux collectifs est dangereux, car on se débarrasse avec de l'argent de ce qu'on devrait effectuer soi-même.

Deuxième thèse radicale : élire des députés au lieu de siéger soi-même dans les assemblées et de décider soi-même des lois est mauvais.

Quelle serait la solution pour Rousseau ? Rétablir les travaux collectifs, « *les corvées* », et refuser une démocratie parlementaire au profit d'une démocratie directe.

L'enjeu du passage est donc le suivant : la poursuite d'intérêts privés, non directement politique, est-il dommageable à la pérennité de l'État démocratique ?

Pour Rousseau, oui, et il faut donc forcer les citoyens à participer à l'action publique. L'explication visera à montrer quelle est l'argumentation de Rousseau.

Mais vous avez le droit, après avoir bien expliqué le sens du passage, de ne pas être d'accord ! Vous considérez peut-être que s'occuper de sa famille et de sa profession n'est pas néfaste à la démocratie, et qu'élire des députés n'est pas forcément une mauvaise chose.

Vous pouvez discuter la question et opter pour une solution de compromis. Si Rousseau paraît très radical, il a raison de nous rappeler que l'exercice de la démocratie directe – aujourd'hui à l'œuvre dans des conseils locaux ou dans certains pays comme la Suisse, par exemple – rend la démocratie vivante, car elle concerne la vie concrète des citoyens. Il a peut-être également raison de rappeler que la démocratie a besoin non seulement de votes et d'impôts, mais d'abord d'engagements réels.

ÉTAPE 4

STRUCTURE DE L'ARGUMENTATION

(que vous rappellerez à la fin de votre introduction)

1

Introduction synthétique
Comment les citoyens sabordent leur démocratie (1er paragraphe)

2

Le rôle négatif de l'argent en démocratie (2e paragraphe)

3

Le bon gouvernement et le processus de sa décadence (3e paragraphe)

4

La représentation politique par les députés : une malédiction d'après l'auteur (4e paragraphe)

LES 10 ÉTAPES POUR DEVENIR PHILOSOPHE

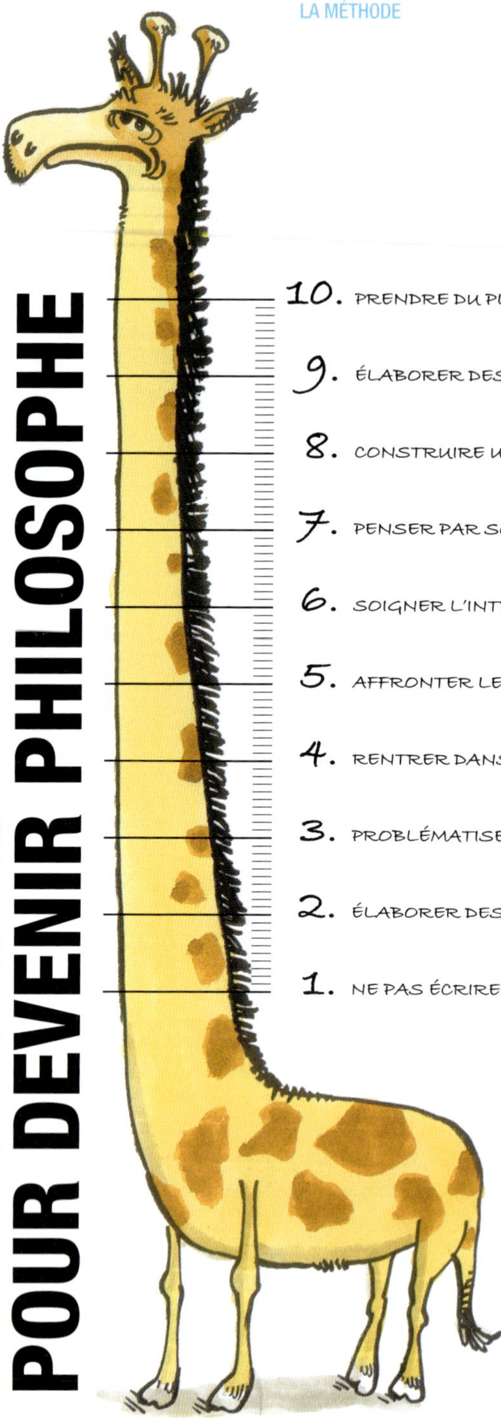

LES 7 PÉCHÉS CAPITAUX

THÈSE...
ANTITHÈSE...
... TASER

LA PRA-TIQUE

VOS COACHS

Maintenant que vous savez comment vous organiser pour l'épreuve, reste à vous entraîner pour affronter le sujet que vous choisirez le jour J. Car c'est sur la copie que vous remettrez que vous serez jugé. Nous avons réuni autour de vous une équipe de coachs avertis : des enseignants ont planché à votre attention sur de vrais sujets – dissertations comme explications de textes –, des élèves de terminale vous présentent leurs devoirs sur table corrigés pour vous mettre en garde contre des erreurs classiques, des correcteurs du bac vous prodiguent leurs conseils. Si l'on y ajoute quelques bonnes idées pour être en forme physiquement et psychiquement, vous avez déjà (presque) gagné la partie !

COPIES DE RÊVE

Trois professeurs de philosophie ont endossé l'habit du lycéen afin de plancher sur de vrais sujets tombés au bac lors des années passées. Ils se sont prêtés au jeu, voici le fruit de leur réflexion : 4 dissertations et 2 explications de texte, réalisées en quatre heures chrono chacune. À vous de juger… Ces copies presque parfaites sont à scruter de près, car ce sont des devoirs de ce type – construits, informés et bien argumentés – dont les correcteurs raffolent. —

20/20

Travail brillant et personnel. Vous dominez la problématique du sujet que vous posez dès l'introduction. Votre propos est fouillé, structuré, bien argumenté, vos transitions claires, marquant efficacement la progression de votre pensée, servie par une culture solide. Vous parvenez à éclairer toute la complexité de la relation de l'homme au langage.

DISSERTATION

« Le langage trahit-il la pensée ? »

INTRODUCTION / *Comment pourrait-on penser en dehors du langage ? /*

Le langage que nous utilisons est ce qui doit nous permettre de nous exprimer de manière à être compris. Nombreuses sont pourtant les occasions où nous sommes obligés de reprendre nos paroles car elles ne correspondent pas à ce que nous pensions et voulions dire. Et pourtant, c'est nous-mêmes qui avons choisi les mots employés. Est-ce à dire que le langage peut trahir la pensée ? Trahir, c'est d'abord décevoir une relation de confiance. Si le langage peut nous trahir, c'est que l'on a préalablement admis qu'on lui confiait la tâche d'extérioriser une pensée intime. Les mots sont-ils à la hauteur de cette tâche ? Méritent-ils notre confiance ? N'y a-t-il pas, dans la langue, une mise en forme, une rationalisation qui ne se trouvent pas toujours dans ce que nous pensons intimement ? Faut-il, alors, nous méfier du langage ? Car s'il peut nous trahir en déformant ce que nous disons, le langage peut, ce qui semble pire, nous trahir en nous faisant dire ce que nous ne voulons pas dire, parfois même ce que nous ignorons. N'est-ce pas le cas lorsque nous

commettons un lapsus ? Dans les deux cas (que la trahison déforme ou révèle la pensée), cela suppose une pensée qui se serait formée en dehors du langage et avant lui. Pourtant, penser, ce n'est pas seulement ressentir intérieurement. La pensée désigne un processus de raisonnement qui permet d'agencer des propositions et des idées de manière logique. En cela, la pensée se distingue du ressenti, informe et irrationnel. Dès lors, comment pourrait-on penser en dehors du langage ? Loin de trahir la pensée, le langage n'en est-il pas la condition ?
Nous essaierons donc de déterminer si le langage trahit la pensée. La pensée est-elle un processus intime qui se constitue en dehors du langage ou en est-elle dépendante ? Nous verrons d'abord que le langage constitue un code étranger à la réalité désignée par nos pensées. Le langage ne peut-il pas alors nous trahir, au-delà même de ce que nous pensons consciemment ? Mais par pensée ne désigne-t-on pas une opération de la raison qui ne peut avoir lieu que grâce au langage ?

PARTIE I / *« Le langage trahit la pensée parce qu'il y a une faille irrémédiable entre la pensée vécue intérieurement et la pensée exprimée extérieurement. »* /

Dire que le langage trahit la pensée suppose que langage et pensée sont deux réalités extérieures. La trahison désigne en effet l'incapacité d'une personne ou d'une chose d'être à la hauteur de la confiance placée en elle. Or, confier, c'est déléguer à un autre un objet ou une tâche. Si le langage peut ainsi trahir la pensée, c'est donc, d'une part, que la pensée est extérieure au langage, et, d'autre part, qu'elle s'est remise entre ses mains pour lui confier la tâche de l'exprimer. Nos pensées désignent d'une manière très générale la représentation intime que nous nous faisons du monde qui nous entoure et des affections que nous éprouvons. C'est donc d'abord un état intérieur, qui désigne très généralement ce dont nous avons conscience. La pensée vient donc d'abord. Le langage vient ensuite,

« **Le choix du vocabulaire, la grammaire, notre ton, nos gestes…** sont autant d'éléments qui constituent un langage par lequel s'exprime plus que le seul message que nous voulons transmettre » pour extérioriser ce donné initial. Il ne peut remplir qu'imparfaitement cette tâche car il y a une faille irrémédiable entre les mots et les choses. Dire ce que nous pensons intimement, ce n'est pas la même chose que le penser et le vivre intimement. Pour l'autre qui m'écoute, entendre ce que je dis, ce n'est pas la même chose que vivre ce que je vis. C'est ce qu'explique Merleau-Ponty dans la *Phénoménologie de la perception* lorsqu'il dit que *« les paroles d'autrui ne sont pas autrui »*. Nous n'accédons qu'imparfaitement et extérieurement à ce que l'autre vit, car ses paroles échouent à nous en fournir une représentation exacte. Ainsi, le langage trahit la pensée, non par malice, mais parce qu'il y a une faille irrattrapable entre la pensée vécue intérieurement et la pensée exprimée extérieurement.

Cette faille tient à la structure même du langage, qui est elle-même liée à sa fonction. Si le langage sert à communiquer, il faut que les mots employés soient compris de tous. Pour cela, ils doivent être généraux. S'il y avait un nom propre pour chaque table qui existe, a existé et existera jamais, il nous serait tout simplement impossible de communiquer. Parce qu'il est utile, le langage est donc général. Mais parce qu'il est général, il est à distance de ce que nous pensons intimement. En cela, le langage ne trahit pas seulement la pensée des autres, mais aussi la mienne. En m'obligeant à utiliser des mots généraux, il m'empêche d'accéder à la réalité de ma propre pensée. C'est ce qu'explique Bergson dans *Le Rire,* où il montre que la généralité du langage et ce qu'il a d'utilitaire nous empêchent d'accéder à notre propre intériorité car nous n'en percevons pas les nuances particulières, mais ne pouvons l'aborder que par des mots qui sont communs à tous. Ainsi, le langage trahit la pensée parce qu'il se montre inapte à remplir la tâche qui lui a été confiée : exprimer adéquatement le message qui a d'abord été intérieurement conçu. Cette trahison est liée à sa généralité structurelle. Or, s'il peut ainsi ne pas dire ce que nous pensons comme nous le pensons, ne finit-il pas par dire autre chose ?

PARTIE II / *« Le langage semble doté d'une forme d'autonomie qui le rend capable de dire ce que nous ne voulons pas dire. »* /

Le langage peut trahir la pensée en l'exprimant mal. Il peut aussi la trahir en la dévoilant. N'y a-t-il pas ainsi lorsque nous parlons des pensées qui sont dévoilées malgré elles et malgré nous ? Le langage ne dit-il pas plus ou autre chose que ce que nous voulons dire ? En effet, le langage ne passe pas seulement par les mots. C'est un ensemble de signes et de symboles dont les mots ne sont qu'un aspect. Le choix du vocabulaire, la grammaire et le niveau de langue employés, notre ton, nos gestes... sont autant d'éléments qui constituent un langage, par lequel s'exprime plus que le seul message que nous voulons transmettre. L'habitus décrit par Bourdieu désigne ainsi l'ensemble des traits socialement déterminés qui finissent par faire corps avec nous. Dès lors, quand nous écrivons ou parlons, le langage que nous utilisons trahit notre pensée, c'est-à-dire dévoile malgré nous une manière de réfléchir

socialement produite. Le sociologue exprime ainsi ses réserves face aux exercices de la dissertation ou du « grand oral » des concours, dans lesquels on cherche à discriminer les candidats grâce aux codes sociaux de pensée que le langage peut trahir.
Ces pensées que le langage trahit ici ne sont donc pas conscientes. Le langage dévoile ce qu'il y a en nous de plus intime, de caché, même à nos propres yeux. Il semble ainsi doté d'une forme d'autonomie qui le rend capable de dire ce que nous ne voulons pas dire. C'est, par exemple, le propre du lapsus. Dans celui-ci, en effet, se manifeste une pensée inconsciente, dont nous sommes nous-mêmes ignorants. Par lui, l'inconscient fait irruption dans notre vie conscience et parvient momentanément à endormir la résistance qui sans cela l'en empêche. D'une manière générale, d'ailleurs, la cure psychanalytique s'appuie sur les propos du patient, cherchant à lui faire dire ce qu'il ne veut pas dire parce que la censure de la résistance s'y oppose. Mais il finira bien par le dire parce que le langage le trahira, par les lapsus par exemple, mais aussi par les mots qu'il choisira d'employer. Ainsi, le langage trahit la pensée parce que celle-ci n'est pas que consciente et qu'elle se dévoile malgré nous à travers lui. L'usage que nous faisons du langage manifeste notre origine sociale, notre éducation, notre culture, et même des pensées si intimes que nous n'en avons pas conscience. Mais de quelle pensée parle-t-on si elles se situent en dehors de la conscience ? La pensée n'est-elle pas au contraire nécessairement rationnelle et consciente ?

PARTIE III / *« Le langage ne trahit pas la pensée, il est au contraire ce qui la conditionne. »* /

Tout ce qui advient en nous, consciemment et inconsciemment, ne saurait en effet être considéré comme pensé au même titre. Si le mot désigne d'une manière générale ce qui est intérieur par opposition à ce qui est extérieur, il désigne aussi ce qui est réfléchi par opposition à ce qui est senti. Tout ce qui advient dans le for de notre subjectivité ne relève pas de la pensée mais celle-ci désigne précisément ce que la raison est capable de produire, comme capacité logique d'agencer des propositions et des idées. Dès lors, nous avons besoin de parler pour penser dans la mesure où l'on ne peut pas produire de tels raisonnements sans passer par le langage. Ce que nous « pensons » en dehors de ce cadre tient du ressenti, que nous n'arrivons pas à dire, comme le soulignait Bergson, pas nécessairement parce que les mots seraient déficients mais parce que ce sentiment lui-même serait trop confus. Même l'inconscient n'est pas pensé tant qu'il n'advient pas à la conscience et au langage. Nous pouvons dire que nous avons des pensées inconscientes, mais cela reste théorique et, dans le fond, nous n'en savons rien puisque si ces pensées existent nous sommes incapables de les penser, de nous les formuler. Dans *L'Encyclopédie des sciences philosophiques,* Hegel montre ainsi que l'éloge de l'indicible comme pensée si profonde que les mots ne sauraient la dire cache en réalité la vacuité et la confusion de

« Penser une chose, c'est être capable de l'identifier, de la délimiter et donc de la dire. Une fois achevée, la pensée prend la forme du mot qui seul peut désigner précisément la chose pensée »

ce qui n'est pas encore délimité et caractérise une pensée en devenir. Si nous n'arrivons pas à dire ce que nous pensons, ce n'est pas parce que « les mots nous manquent » et que donc le langage serait défaillant. L'indicible est le signe d'une pensée qui n'en est pas encore une, car penser une chose, la prendre pour objet, c'est être capable de l'identifier, de la délimiter et donc de la dire. Une fois achevée, la pensée prend la forme du mot qui seul peut désigner adéquatement et précisément la chose pensée. Ainsi, le langage ne trahit pas la pensée, il est au contraire ce qui la conditionne.

Alors, la pensée n'est plus extérieure au langage et ne le précède plus. Au contraire, elle se forme avec lui et par lui. Avant d'être exprimées, les choses doivent en effet être formulées, et penser, ce n'est alors jamais que se parler à soi-même. On peut même se demander, comme le fait Nietzsche dans *Le Gai Savoir,* si ce n'est pas parce qu'il devait parler pour communiquer ses besoins aux autres que l'homme a développé la conscience. Dans ce texte, Nietzsche montre en effet que l'homme, d'abord isolé, devient une bête de proie qui doit s'associer aux autres pour survivre. Cette communauté n'a de sens et ne satisfait ses objectifs que si les hommes sont capables de se formuler réciproquement leurs besoins pour pouvoir y pourvoir. Avant même de formuler aux autres ces besoins, l'homme doit en prendre conscience, c'est-à-dire se les formuler à lui-même. Voilà ainsi exposée l'origine de la pensée comme conscience, qui apparaît donc comme indissociable du langage.

CONCLUSION / *« La pensée ne préexiste pas au langage mais se confond avec lui. »* /

Ainsi, le langage ne trahit pas la pensée. Certes, il existe une multitude de sentiments ou de phénomènes intimes, sentis, inconscients en dehors et en deçà de la pensée, que le langage ne parvient pas à rendre et peut pourtant, paradoxalement, dévoiler malgré lui. Mais la pensée désigne une opération logique de réflexion qui ne préexiste en rien au langage mais se confond avec lui. — AÏDA N'DIAYE

18/20

Très bonne copie. Argumentation fluide et progressive, dynamique et informée. La problématique est posée clairement en introduction, et bien justifiée par votre analyse initiale des termes. Les transitions sont simples et efficaces. Vous apportez une vraie réponse à la question, sur laquelle vous vous engagez. Vous avez bien « entendu » les différentes résonances du sujet.

DISSERTATION

« Que gagnons-nous à travailler ? »

INTRODUCTION / *« Le travail est-il cette activité par laquelle nous actualisons notre humanité, ou au contraire cette activité qui nous déshumanise ? »* /

« **Ne pas perdre sa vie à la gagner !** » Ce slogan de Mai-68 suggère déjà que le travail, manuel ou intellectuel, salarié ou pas, par lequel on « gagne sa vie », puisse s'accompagner d'une perte de quelque chose d'essentiel. D'ailleurs, tout un champ lexical, du « travail à la chaîne » aux « travaux forcés », confirme cette résonance négative du terme « travail ».

Dès lors, il y a entre le mot « travail », et sa dimension de labeur ou de souffrance, et le mot même de « gain » une tension paradoxale. Pourtant, le travail peut être défini comme une activité visant à obtenir quelque chose par son effet sur le monde extérieur.

On pourrait même le présenter comme cette activité qui, en nous permettant de nous réaliser dans le monde et d'y rencontrer les autres, nous offre la chance de « travailler » notre humanité même, nos qualités humaines, notre sociabilité… D'où le problème suivant : le travail est-il cette activité par laquelle nous actualisons notre humanité ou au contraire celle qui nous aliène, voire nous déshumanise ?

PARTIE I / *« En plus de ne rien nous apporter, le travail risque de nous faire perdre notre humanité. »* /

Les animaux n'ont pas à travailler. Ils peuvent subvenir à leurs besoins sans cela. L'homme semble cet animal contraint de travailler pour, simplement, satisfaire ses besoins élémentaires : se nourrir, se loger. Ce que l'homme perd en travaillant, c'est sa liberté, au sens de liberté « naturelle » ou liberté de mouvement : il faut se rendre au travail à heures fixes, dans un lieu imposé... Les « travaux forcés » ne désignent alors pas cette punition infligée aux délinquants, mais bien le travail accompli par tous les hommes. Certes, le travail nous apporte quand même quelque chose, un salaire par exemple, mais ce dernier n'a pas de valeur en soi. C'est simplement le moyen d'acquérir autre chose. Pour obtenir ce salaire, les hommes perdent leur énergie, leur disponibilité, parfois même leur santé, comme lorsque le travail est caractérisé par sa grande pénibilité (travail à la chaîne, dans les mines...). Notons d'ailleurs que « travail », étymologiquement, vient du latin *tripalium,* « instrument de torture ». La question *« Que gagnons-nous à travailler ? »* s'entend alors : que gagnons-nous en échange de cette « torture », de ce labeur répété ? Le travail nous ferait perdre temps, énergie et disponibilité, mais nous ferait gagner autre chose ? Rien n'est moins sûr. Dans la Genèse, le travail est présenté comme une simple punition. Le péché originel est sanctionné par la dimension laborieuse du travail de la terre pour l'homme, par le caractère douloureux du travail de l'accouchement pour la femme. Il n'y a, dans la Genèse, aucune dimension rédemptrice du travail et de la souffrance. Le travail n'apporte donc rien.

Un tel propos peut résonner de la référence à la déshumanisation occasionnée par un certain type de travail, au sein duquel l'homme est réduit à une machine, répétant les mêmes gestes dans un automatisme qui rend impossible le développement de ses facultés humaines. En plus de ne rien nous apporter, le travail risque alors de nous faire perdre notre humanité. Une telle déshumanisation est d'autant plus grave que notre humanité aspire justement à se développer au contact d'une activité. Les camps de travail ont souvent visé, justement, dans l'Histoire, soit la punition des hommes soit leur déshumanisation.

« Si le travail peut être évalué de façon négative, c'est peut-être d'abord parce qu'il nous fait perdre l'essentiel : **un certain rapport "désintéressé" aux êtres et aux choses** »

On pourrait objecter que, même en travaillant de façon automatique ou laborieuse, l'homme gagne un salaire. Mais on peut aussi penser que ce salaire, bien souvent, n'est pas justement proportionné à l'effort fourni. C'est en ce sens que Marx parle d'exploitation : lorsque le fruit de l'effort des travailleurs est réinvesti par le capitaliste non pas dans des accroissements de salaires, mais dans de nouveaux investissements capitalistiques.
Mais si le travail peut être ainsi évalué négativement, c'est peut-être surtout parce qu'il nous fait perdre l'essentiel : un certain rapport aux êtres et aux choses, que l'on pourrait dire « désintéressé ». D'ailleurs, la formulation même du sujet est déjà une invitation à raisonner en termes utilitaristes, intéressés. La critique du travail peut ici se nourrir de la référence à d'autres valeurs, jugées supérieures à celle du travail. Dans sa hiérarchie des valeurs, Aristote plaçait plus haut que toute activité l'immobilité contemplative du sage. Après venait l'activité politique de la délibération. Au plus bas de l'échelle, le travail : le travail des champs, celui qui tisse les liens commerciaux, etc., correspondant à la sphère économique dans laquelle les hommes ne cherchent qu'à satisfaire leurs besoins, tandis que la sphère politique leur permet d'accéder à un niveau d'existence plus élevé. D'où la justification de l'esclavage par Aristote : il faut bien que certains travaillent pour que d'autres, ainsi « libérés » des tâches économiques, puissent se consacrer aux débats politiques. On retrouve l'idée d'un travail associé à la contrainte, au simple besoin, à une activité qui ne grandit pas l'homme.

Une telle évaluation négative du travail se heurte toutefois à la figure du chômeur. L'homme sans emploi ne trouve souvent pas sa place dans la société, connaît l'ennui, voire la dépression. Il semble qu'aujourd'hui, dans nos sociétés modernes, la socialisation qui advenait selon Aristote dans la sphère politique se joue dans la sphère économique. Le travail, en nous permettant de rencontrer les autres et le monde, ne nous offre-t-il pas, malgré sa pénibilité ou son caractère répétitif, des occasions « d'humanisation » ?

PARTIE II / *« À travailler, nous gagnons la possibilité de prouver objectivement notre valeur subjective : le travail nous permet de nous réaliser. »* /

Le simple fait que l'on puisse parler de « catégories socioprofessionnelles » ne montre-t-il pas déjà que le travail inscrit les individus dans une société, en leur donnant une fonction sociale essentielle à leur existence, voire à leur bonheur ? Le salaire n'est pas une fin en soi, mais il permet d'exister socialement, de consommer ou d'épargner. Même si le travail n'est pas toujours réjouissant, il offre l'occasion de rencontrer les autres et d'obtenir ainsi une reconnaissance de sa valeur. Lorsque Marx critique l'exploitation des travailleurs, il ne critique pas le travail en soi, mais le travail non rémunéré à sa juste valeur, qui ne permet pas une reconnaissance du travailleur. Ce que nous gagnons à travailler, c'est la possibilité de prouver objectivement, dans des actions ou dans des réalisations, notre valeur subjective. Le travail nous permet de nous réaliser. Certes, il est une contrainte, mais c'est justement par la contrainte que nous progressons. Le travail intellectuel (rédiger une copie de philosophie), manuel (fabriquer un meuble) ou encore salarié (le travail d'un cadre) est alors l'occasion de sortir de sa subjectivité, et d'entrer dans le monde de l'objectivité.

C'est là l'enseignement essentiel de la *« dialectique du maître et de l'esclave »* que l'on trouve dans la *Phénoménologie de l'esprit* de Hegel. Dans cette parabole, le maître est présenté comme moins « libre » que les esclaves. Il est comme enfermé dans sa solitude, dans sa subjectivité, là où les esclaves sont, les uns à l'égard des autres, des êtres capables de reconnaître le travail accompli ensemble. Malgré la contrainte, c'est le travail qui libère l'esclave. Nous gagnons à travailler cette liberté qui réside selon Hegel dans l'objectivation de notre valeur subjective. Hegel nous explique qu'il y a au fond de l'homme une inquiétude existentielle, un doute quant à sa valeur inséparable d'une peur de la mort, d'être réduit à rien, de ne plus rien valoir. Aussi le travail de l'esclave, en lui apportant une relation à la nature et la reconnaissance de sa valeur, lui permet-il de dissiper son angoisse existentielle. Le temps, l'énergie, la disponibilité perdus le sont alors en échange d'une reconnaissance qui est, selon Hegel, ce que les hommes désirent le plus profondément. Peut-être avons-nous d'autres désirs que le travail nous empêche de satisfaire, mais il nous permet de satisfaire notre désir le plus profond. Ce que nous gagnons à travailler, c'est peut-être même le bonheur, défini avec Hegel dans sa relation au désir de reconnaissance de soi. C'est bien ici l'action qui se trouve revalorisée. La dévalorisation du travail chez Aristote venait de celle de l'action, jugée inférieure à la contemplation. Mais avec Hegel, et plus généralement la modernité, l'action et l'œuvre sont jugées supérieures à la contemplation et à l'immobilité.

Cet accent porté sur la dimension sociale de la reconnaissance risque néanmoins d'occulter le développement plus personnel que peut favoriser le travail. Prenons l'exemple d'un jeune enfant qui découvre en classe de CP le plaisir d'apprendre à lire ou à écrire. Certes, il aspire à être reconnu par les autres comme un enfant qui sait lire et écrire, mais un tel désir de reconnaissance n'épuise pas la réalité de ce que le travail va lui apporter. Il va aussi connaître la joie de se développer au contact de cette activité nouvelle, et cette joie n'est pas simplement sociale.

PARTIE III / *« Le travail apporte à l'homme la joie de se développer au contact d'une activité. »* /

Le travail peut être présenté comme une façon de travailler sa propre individualité, ses facultés humaines. On peut penser en effet que la plupart de nos qualités sont présentes en nous « en puissance », comme des potentialités à développer. Aristote oppose ce qui est « en puissance » à ce qui est « en acte »: effectif, réel. Pour passer de ce qui est « en puissance » à ce qui est « en acte », il faut des occasions. Le travail est l'une de ces occasions. En effet, une certaine pratique professionnelle peut être l'occasion de développer une intelligence, un esprit de synthèse, une imagination ou encore une sensibilité qui seraient restés « en friche ». Ainsi l'ébéniste se développe-t-il au contact de son travail, se rapproche-t-il de sa propre perfection à mesure que ses productions elles aussi se perfectionnent. De même un commercial développe-t-il son talent et ses qualités au contact de sa pratique professionnelle, dès lors qu'il y excelle. Le travail apporte à l'homme la joie de se développer au contact d'une activité, cette joie dont Aristote disait qu'elle est ce qui vient donner à une activité sa perfection.

En échange de ce qui peut être d'abord une contrainte ou un effort pénible, mais peut devenir ensuite un plaisir, le travail nous permet donc de gagner notre pleine humanité. Peut-être ne devient-on vraiment humain que sous la contrainte… Lorsque, nous référant à la Genèse ou à la différence entre l'homme et l'animal, nous présentions le travail comme signant la spécificité ou l'absurdité de la condition humaine, nous avions donc partiellement raison. L'homme est en effet le seul animal qui doit passer par la contrainte du travail pour réaliser sa nature. Mais cette « punition » ou cette contrainte peuvent devenir occasion d'un développement de soi.

Toutefois, ce par quoi nous ouvrions notre réflexion demeure vrai. Le travail doit en effet obéir à certaines conditions pour pouvoir être présenté comme favorisant un tel développement de soi. Dès lors qu'il est déshumanisant, qu'il rabaisse l'homme à la machine ou à l'animal, il perd évidemment toutes ses vertus. Pour que nous gagnions quelque chose en échange de la contrainte et de la pénibilité du travail, il faut qu'il nous laisse justement la possibilité de nous développer. Il faut donc, d'une part qu'il propose dans sa pratique des occasions d'exercer notre réflexion ou notre habileté, d'autre part qu'il nous laisse assez de temps et d'énergie pour que cet éveil puisse porter ses fruits.

CONCLUSION / *« Le travail est cette contrainte parfois pénible grâce à laquelle nous gagnons et développons notre humanité. »* /

Si le travail est parfois déshumanisant, il peut être présenté comme une activité favorisant l'actualisation de notre humanité, et ceci en deux sens. D'une part, il nous insère dans une société structurée au cœur de laquelle nous pouvons rencontrer les autres et obtenir la reconnaissance objective. D'autre part, il nous permet de développer notre humanité au sens de nos facultés ou potentialités proprement humaines.

Il est vrai que les animaux n'ont pas à travailler. Mais c'est justement ce qui leur manque. Le travail est cette contrainte, parfois pénible mais grâce à laquelle nous gagnons et développons notre humanité. — CHARLES PÉPIN

19/20

Réflexion limpide, rigoureuse, parfaitement maîtrisée. La problématique est très bien posée en introduction, vous faites bien entendre toutes les résonances du sujet et vous engagez vraiment sur votre réponse.

DISSERTATION

« Peut-on avoir raison contre les faits ? »

INTRODUCTION / *« Les faits sont-ils des évidences incontestables ou doivent-ils faire l'objet d'une interprétation ? »* /

L'**expression « Les faits sont têtus »** semble indiquer clairement la nature des faits : ils sont ce qu'ils sont et sont donc incontestables. Un fait n'est pas une opinion : « J'ai 18 ans », « Il est midi » – autant de faits qui ne sont pas soumis à discussion, qui ont presque un caractère subi… Or, l'idée d'avoir raison contre les faits laisse entendre que l'on pourrait argumenter contre eux et l'emporter dans cette discussion. Dans un premier temps, cela paraît donc absurde. Pourtant, ces faits qui semblent s'imposer à nous ne font-ils pas l'objet d'une interprétation ? Les sciences ou le droit nous apprennent par exemple que le fait n'est pas une évidence mais doit être interprété pour être compris et avoir du sens. N'a-t-il pas fallu plusieurs siècles pour que les hommes se mettent d'accord sur le fait que la Terre est ronde ? Les faits, qui se donnent à nous à travers l'expérience, ne peuvent-ils donc pas faire l'objet d'une discussion ? Mais cela n'est pas sans risque. Chercher à avoir raison contre les faits, à imposer notre point de vue contre la réalité, cela ne revient-il pas justement à manipuler la réalité pour la conformer à nos idées ? N'est-ce pas là la source des pires idéologies ? Ne faut-il pas, au contraire, garder raison et s'en tenir aux faits ?

Nous voyons donc qu'il est difficile de décider si nous devons discuter les faits, pour mieux les comprendre (au risque de les pervertir), ou, à l'inverse, nous y soumettre, au risque d'y perdre notre liberté. Les faits sont-ils des évidences incontestables ou doivent-ils faire l'objet d'une interprétation ?
Nous verrons dans un premier temps que chercher à avoir raison contre les faits semble totalement absurde. Mais à nous en tenir à l'expérience, ne risquons-nous pas de passer à côté de la vérité ? Ne devons-nous pas, toutefois, nous méfier des idéologies qui cherchent à imposer une opinion contre la réalité ?

PARTIE I / *« On ne discute pas avec les faits. »* /

L'expression « avoir raison » signifie être du côté de la vérité. J'ai raison lorsque ce que je dis est vrai, et, bien souvent, cette vérité me permet de l'emporter dans une discussion contre un interlocuteur. D'où le « contre » du sujet. D'abord, nous devons donc nous demander si les faits sont discutables. Il semble que non. Un fait est précisément ce qui est sans que nous n'ayons rien à y redire : il s'impose à nous et ne peut faire l'objet d'aucune discussion. Alors, loin de pouvoir avoir raison contre les faits, nous ne pouvons au contraire pas avoir raison sans eux : la conformité aux faits est la condition même de la vérité. Est vrai ce qui décrit le réel tel qu'il est, c'est-à-dire, précisément, ce qui est conforme aux faits. Cette définition explique l'importance primordiale que Kant, par exemple, accorde à l'expérience dans l'analyse de la vérité scientifique de la *Critique de la raison pure*. La seule science, les seules vérités fiables auxquelles nous pouvons prétendre sont celles qui s'appuient sur les faits, sur l'expérience telle qu'elle nous est donnée dans la perception sensible. Ainsi, avoir raison contre les faits, faire fi de la réalité et de l'expérience, est la source inévitable de nos erreurs, la raison ne pouvant que se fourvoyer lorsqu'elle prétend connaître ce qui n'est pas donné dans l'expérience. Il y a donc premièrement une simple impossibilité logique à avoir raison contre les faits, la vérité étant au contraire ce qui s'y conforme.

Au-delà même du seul domaine de la science, vouloir avoir raison contre les faits semble donc constituer un projet déraisonnable. Au contraire, la modération et la raison nous apprennent qu'il vaut mieux *« changer ses désirs plutôt que l'ordre du monde »* comme le dit Descartes dans le *Discours de la méthode*. L'homme raisonnable n'est pas celui qui perd son énergie à désirer ce qu'il lui est impossible d'obtenir et à vouloir avoir raison contre les faits, mais au contraire celui qui prend son parti de ce qu'est le réel.

Chercher à l'emporter contre les faits semble donc simultanément absurde et déraisonnable : les faits sont les garants de la vérité et celle-ci n'a de sens que dans la mesure où elle s'y tient pour essayer de les décrire et de les comprendre. Toutefois, peut-il y avoir un consensus absolu sur ce que sont les faits ? Le fait que la Terre soit plate était, justement, un fait, avant de ne plus en être un. Parce qu'ils nous sont donnés à travers l'expérience et la perception, les faits ne peuvent-ils donc pas faire l'objet d'une discussion ?

PARTIE II / *« Mais l'expérience est, elle, soumise à interprétation. »* /

Sans doute les faits sont-ils indiscutables, mais encore faut-il les établir comme tels. Ils ne se donnent en effet pas à nous immédiatement mais *via* ce que nous percevons. Or, dans cette expérience, se trouve la possibilité d'une erreur ou d'une illusion – qui nous autorise à discuter les faits et même à nous en méfier. S'en tenir aux faits, c'est en effet prendre l'expérience pour argent comptant. Or, celle-ci peut être trompeuse. Ce que nous percevons n'est pas conforme à ce qui est et toute la recherche scientifique consiste précisément à réconcilier les deux. Comme nous l'avons dit, ce que nous expérimentons, c'est d'abord que la Terre est plate. Pire, nous continuons à la percevoir ainsi, même quand nous savons qu'elle est ronde. Si nous entendons par fait l'expérience immédiate que nous avons du réel, alors celle-ci doit être interprétée. Nous pouvons la contester et avoir raison contre elle : non, la Terre n'est pas plate ; non, ce n'est pas le Soleil qui tourne autour de la Terre. Cette méfiance à l'égard de l'expérience est illustrée par l'allégorie de la caverne : s'en tenir aux faits, cela

> **« Les faits sont les garants de la vérité** et celle-ci n'a de sens que dans la mesure où elle s'y tient pour essayer de les décrire et de les comprendre »

reviendrait à rester dans le monde des ombres et des illusions des prisonniers de l'allégorie de la *République* de Platon, quand la réalité est à l'extérieur de la caverne. Ainsi, l'expérience est trompeuse et les faits ne sont pas des évidences. Ils doivent être établis par l'analyse de nos perceptions. Il est alors possible d'avoir raison contre une expérience trompeuse.

Chercher ainsi à discuter avec les faits pour les dominer n'est-ce pas même la condition de notre liberté ? Le progrès scientifique, par exemple, ne consiste-t-il pas à faire mentir la réalité : le caractère incurable de certaines maladies, les obstacles de la pesanteur, autant de faits qu'il a bien fallu discuter pour parvenir à les dépasser. Notre liberté semble donc résider dans notre capacité à avoir raison contre les faits. Cela n'est d'ailleurs pas seulement le propre de la science mais concerne aussi la morale. Avoir raison, cela signifie aussi utiliser sa raison, se montrer raisonnable. Or, la condition n'en est-elle pas que nous ne nous laissions pas dominer par les faits ? La liberté et la vertu consistent en effet à ne pas nous laisser dicter notre conduite par la réalité mais, au contraire, à essayer d'imposer aux faits ce que notre raison nous dicte. L'homme libre ne laisse pas les faits le déterminer mais les domine par la force de sa raison. Il ne ment pas, même lorsque les circonstances l'y incitent, comme nous l'apprend notamment Kant. Ainsi, avoir raison contre les faits n'est pas seulement une possibilité, c'est même un devoir et la condition de notre liberté.

Pourtant, n'y a-t-il pas là un risque ? S'affranchir totalement des faits, ne peut-il pas mener la raison à de dangereux délires ? N'est-ce pas justement quand elle s'affranchit du réel pour imposer son point de vue que la raison devient source des pires barbaries ?

PARTIE III / *« Cependant, on ne peut avoir raison sans les faits. »* /

Certes, nous ne sommes libres qu'à la condition de ne pas être tributaires des faits. Mais vouloir s'en affranchir à tout prix ne revient-il pas à risquer de sombrer dans une forme de folie ? La réalité est cette donnée avec laquelle nous devons composer. Chercher à la contourner pour avoir raison contre elle, c'est, semble-t-il, risquer de se fourvoyer dans un projet dangereux. La barbarie des idéologies du XXe siècle tient ainsi au fait qu'elles ont tenté d'imposer leur logique au réel. La barbarie du nazisme ne tient pas à ce que le nazisme est irrationnel, mais, au contraire, à ce qu'il met la raison et son efficacité au service d'une cause particulièrement horrifiante. Chercher à avoir raison contre les faits revient ici à vouloir plier la réalité à sa volonté, quel qu'en soit le prix à payer. Le génocide de l'ère nazie est ainsi le résultat d'une pensée qui s'obstine à affirmer la supériorité d'une partie de l'humanité et en éradique une autre, pour imposer sa vérité contre les faits (la diversité des hommes). La rigueur de la morale kantienne évoquée plus haut n'est ainsi pas sans poser problème : ce même homme qui s'affranchit des faits en ne suivant que sa raison est aussi celui qui livre son ami à ses assassins parce qu'il refuse de mentir.

Chercher à avoir raison à tout prix contre ce que la réalité nous signifie revient à sombrer dans une forme d'aveuglement qui ne peut être que nuisible. La prudence que propose Aristote offre ainsi par opposition les perspectives d'une attitude morale qui ne dédaigne pas la réalité mais cherche au contraire à s'adapter à celle-ci. Le plus juste, nous dit ainsi l'*Éthique à Nicomaque,* n'est pas toujours la même chose mais ce qui est le plus adéquat aux circonstances.

Ainsi, si nous ne pouvons être libres en subissant la réalité, nous ne pouvons non plus être raisonnables en perdant de vue les faits. La conformité aux faits reste l'horizon de la recherche de la vérité. Il ne s'agit donc pas de nous en affranchir totalement pour verser dans un délire qui n'a plus rien de commun avec la réalité ni avec la vérité. Il s'agit de faire évoluer ce que l'expérience nous apprend pour approfondir et améliorer notre connaissance de la réalité. L'expérimentation, et non plus l'expérience, c'est-à-dire la reconstruction artificielle des faits, constitue ainsi la source essentielle de validation ou d'invalidation d'une théorie scientifique. Si la réalité est, pour Einstein et Infeld dans *L'Évolution des idées en physique,* comparable au mécanisme d'une montre dont le boîtier serait définitivement fermé, elle n'en doit pas moins constituer la « limite idéale », l'objectif final de toute recherche scientifique.

CONCLUSION / *« Discuter avec les faits et rétablir la vérité contre eux si besoin est. »* /

On ne peut donc pas avoir raison contre les faits. Cela ne signifie pas que l'on doit s'en tenir aux données immédiates de l'expérience. Cette expérience ne nous délivre pas véritablement des faits, car elle passe par l'intermédiaire de notre perception qui peut nous tromper. Nous devons donc discuter avec ces faits et rétablir la vérité contre eux si besoin est. Mais il s'agit là davantage de l'interprétation des faits que des faits eux-mêmes. Si l'on s'intéresse à ceux-ci et aux choses telles qu'elles sont réellement et pas seulement telles que nous les percevons, alors nous ne devons pas penser contre eux, mais en faire notre objectif, sous peine de risquer de perdre toute vérité, toute moralité et même toute humanité. — AÏDA N'DIAYE

18/20

Très bonne copie, rigoureuse et claire. Le problème est parfaitement posé en introduction, le développement est limpide, vous conduisant à une véritable réponse, simple et convaincante. Établir une conclusion de ce type demande un courage proprement philosophique.

DISSERTATION

« Dépend-il de nous d'être heureux ? »

INTRODUCTION / *« Le bonheur réside-t-il dans la réalité des événements vécus ou dans l'état d'esprit adopté face à eux ? »* /

Par son étymologie, le bonheur (de « bon » et « heur ») renvoie au hasard. Serait heureux celui qui a de la chance. Et, en effet, si être heureux signifie voir tous ses désirs satisfaits, ne devons-nous pas admettre que cela relève plus du hasard que de notre volonté ? La santé, l'amour semblent par exemple être des domaines dans lesquels la volonté ne suffit pas à nous prémunir contre les coups du sort. Alors, ne sommes-nous pas impuissants face aux hasards de la vie, dont notre bonheur dépend ? Pourtant, cela supposerait une forme de fatalité. Ainsi nous ne serions pas suffisamment libres pour infléchir le cours de notre propre existence. Le bonheur ne peut-il pas être produit par notre action, notre capacité à faire évoluer la situation en notre faveur ? Ne pouvons-nous pas être les véritables artisans de notre bonheur ? Plus encore, ne peut-on pas être heureux même si nous échouons à modifier notre sort ? Il arrive d'ailleurs qu'à circonstances égales, après un deuil par exemple, l'un soit heureux à nouveau quand l'autre n'y parviendra pas. Être heureux, c'est en effet aussi « se sentir » heureux, en toutes circonstances. Le bonheur se trouverait alors davantage dans l'état d'esprit adopté que dans les événements vécus. Dès lors, ne dépend-il pas

de nous d'éprouver ce sentiment de plénitude? Mais comment y accéder lorsque les événements semblent y faire obstacle?
Nous essaierons donc de voir s'il dépend de nous d'être heureux. Le bonheur réside-t-il dans la réalité des événements vécus ou dans l'état d'esprit adopté face à eux?
Le bonheur n'est-il pas lié aux hasards de la vie, qui produisent satisfaction et insatisfaction? Mais ne peut-on pas maîtriser notre existence pour être pleinement satisfaits? Même lorsque les événements sont défavorables, n'est-il pas possible d'être heureux?

PARTIE I / *« Notre bonheur repose sur une part de chance que nous ne maîtrisons pas. »* /

Le bonheur apparaît comme lié au hasard, d'abord par son étymologie. Être heureux signifie en effet ne manquer de rien. Or un tel état de satisfaction totale semble difficile, voire impossible à atteindre. À peine avons-nous satisfait un désir qu'un autre apparaît. Le désir ne semble pas être quelque chose que l'on puisse maîtriser, mais une force qui nous domine. Pire encore, le bonheur suppose une satisfaction durable, continue. Le plaisir, cette décharge ponctuelle éprouvée lorsqu'un désir est satisfait, ne suffit pas à faire notre bonheur, qui, lui, est durable. Là encore, il semble ne pas dépendre de nous d'accéder à un tel état. Si nous pouvons mettre en œuvre nos forces pour satisfaire ponctuellement un désir, comment nous assurer que cela durera? Ainsi, dans les *Fondements de la métaphysique des mœurs,* Kant définit le bonheur comme un « idéal de l'imagination » impossible à cerner, précisément parce qu'il nous est impossible de nous assurer que ce qui nous satisfera ponctuellement nous rendra heureux de manière pérenne. Comment être sûr, par exemple, que la richesse ne nous apportera pas plus de soucis que de satisfaction, que le savoir ne nous amènera pas à prendre connaissance de faits qu'il était préférable d'ignorer pour se maintenir dans une heureuse illusion? Ainsi nous ne pouvons être les auteurs d'une satisfaction durable et totale, car nous ne savons pas ce qu'il adviendra demain de ce que nous souhaitons aujourd'hui. Cela montre que le bonheur ne dépend pas de nous: il faudrait pour cela, selon Kant, être omniscient.
Comment, d'ailleurs, pourrions-nous espérer atteindre une satisfaction totale alors que nous vivons en société? Le bonheur ne dépend pas de nous, individus, parce qu'il dépend de nous, communauté. Notre bonheur dépendra donc aussi de la régulation publique qui peut nous apporter cette satisfaction du point de vue économique (en assurant une croissance nous garantissant une satisfaction matérielle), social (en nous protégeant, précisément, contre les aléas de l'existence comme la maladie, les accidents, le chômage), et politique (nous rendant libres). En somme, si la déclaration d'indépendance des États-Unis d'Amérique reconnaît à la fin du XVIIIe siècle le droit à la recherche du bonheur comme un droit naturel et inaliénable, elle reconnaît aussi que ce droit doit être garanti par l'État, qu'il ne dépend pas seulement de nous, mais de ce que la collectivité à laquelle nous appartenons nous fournit comme environnement.

« Comment être sûr, par exemple, que **le savoir ne nous amènera pas à prendre connaissance de faits qu'il était préférable d'ignorer** pour se maintenir dans une heureuse illusion ? »

Il ne dépend donc pas de nous d'être heureux, car, si le bonheur est un état de satisfaction totale et durable, nous n'avons pas une maîtrise suffisante du cours des choses pour éviter les événements qui pourraient nuire à notre pleine satisfaction. Est-ce à dire alors que l'homme est impuissant face au cours de sa propre existence ? La liberté dont nous sommes supposés être dotés n'implique-t-elle pas que nous soyons capables d'agir sur le cours des choses pour, loin de rester passifs, être les artisans d'un bonheur qui dépendrait alors entièrement de nous ?

PARTIE II / *« Nous pouvons essayer d'infléchir le cours de notre existence pour atteindre le bonheur. »* /

N'y a-t-il pas, dès lors, une forme de mauvaise foi à prétendre que nous sommes malheureux par le coup du sort ? La liberté ne suppose-t-elle pas, au contraire, une capacité à agir sur la réalité pour la transformer ? Dire que le bonheur ne dépend pas de nous, ce serait renoncer à cette liberté qui nous est pourtant essentielle. La liberté désigne la capacité à agir en accord avec notre volonté, envers et contre la réalité matérielle, naturelle, sociale, etc. S'abriter derrière les événements pour justifier que nous ne puissions être heureux, c'est s'avouer vaincus face à la réalité. C'est, en somme, une forme de cette mauvaise foi dont parle Jean-Paul Sartre, qui consiste précisément à se réfugier derrière les circonstances pour se décharger de l'énorme poids des responsabilités attachées à notre totale liberté. Or même celui qui est en prison est, d'après Sartre, capable d'agir sur son destin pour améliorer sa situation, essayer de se faire libérer, de s'échapper… S'il nous faut prendre notre liberté au sérieux, alors nous devons admettre que le bonheur dépend de nous. Même si nous vivons des situations que nous n'avons pas choisies, nous restons libres de décider ce que nous en faisons, nous restons libres d'essayer de les transformer et d'agir sur la réalité sans nous contenter de la subir.

C'est peut-être la raison pour laquelle tous ne parviennent pas à être heureux. Le bonheur dépendrait en effet de notre puissance. En tant que satisfaction de nos désirs, le bonheur est alors essentiellement lié à

notre liberté d'agir. Tous ne peuvent pas obtenir ce qu'ils désirent, le bonheur est alors relatif non seulement parce que nous n'en avons pas tous la même définition, mais aussi parce que nous ne sommes pas tous égaux en termes de puissance. Nous ne possédons pas tous le même pouvoir d'infléchir la réalité, et c'est aussi en cela que le bonheur dépend de nous. C'est bien ce qui fait dire à Calliclès, dans le *Gorgias* de Platon, que le bonheur consiste à laisser libre cours à ses désirs « *pour celui qui est assez puissant pour les satisfaire* ». La liberté est pouvoir, avant tout politique, celui de l'homme né fils de roi ou qui a su se hisser à un poste de commandement. Seul celui doté d'une telle puissance peut être heureux, car lui seul peut extraire de la réalité, par sa force, ce qui lui permettra de satisfaire ses désirs.
Alors, le bonheur comme satisfaction de nos désirs dépend donc de nous. Il est relatif à notre degré de liberté et de puissance. Pourtant, dans une même situation, de maladie par exemple, il est possible que l'un, même impuissant, soit heureux là où l'autre ne l'est pas. Cela n'indique-t-il pas que le bonheur dépend de nous d'abord dans la mesure où il réside dans notre état d'esprit plus que dans les circonstances vécues qui s'imposent à nous ?

PARTIE III / *« Le bonheur tient d'abord à notre manière d'être. »* /

Le bonheur est en effet aussi un sentiment, un état vécu. Dès lors, il peut reposer davantage dans ce que nous pensons des circonstances qui nous incombent. Même dans des circonstances défavorables, il nous est ainsi possible d'accéder au bonheur grâce à la manière dont nous abordons ces événements. N'est-ce pas, d'ailleurs, ce que nous faisons pour un ami traversant une période difficile ? Nous ne restons pas silencieux, mais essayons de le réconforter, de le raisonner pour qu'il puisse envisager un futur bonheur possible au-delà de sa tristesse immédiate. Si nous le faisons pour les autres, ne pouvons-nous pas le faire pour nous-mêmes ? Nous sommes

« **Une fois passée la peine d'un deuil, nous pouvons envisager d'être heureux** si nous ne nous focalisons pas sur ce que nous n'avons pas ou plus pour porter notre attention sur ce que nous avons »

> « **Le bonheur dépendrait en effet de notre puissance.** En tant que satisfaction de nos désirs, il est alors essentiellement lié à notre liberté d'agir »

habitués à nous croire impuissants face aux coups du sort. Mais ce ne sont pas les événements qu'il faut forcer en notre faveur pour être heureux, c'est à nous-mêmes que nous devons faire violence pour nous obliger à voir ce qu'il y a de positif là où la tristesse domine. Une fois passés le choc et la peine d'un deuil, par exemple, nous pouvons envisager d'être heureux si nous ne nous focalisons pas sur ce que nous n'avons pas ou plus (perte irréparable à l'égard de quoi nous ne pouvons rien) pour porter notre attention sur ce que nous avons (les souvenirs qui restent du disparu par exemple, la mémoire que nous portons de lui). Alors, vivre un deuil, même vivement, n'annule pas toute possibilité d'un bonheur futur. Il nous appartient d'attacher notre esprit à ce que nous avons plutôt qu'à ce que nous n'avons pas. Là est le sens de la maxime stoïcienne, nous invitant à distinguer ce qui dépend de nous et ce qui ne dépend pas de nous, comme l'avance Épictète. On accède au bonheur par la volonté, car elle nous permet de voir et penser la réalité sous l'angle nécessaire pour être heureux. Jean-Jacques Rousseau va finalement dans le même sens dans *La Nouvelle Héloïse*, même s'il arrive à une conclusion contraire, nous invitant à nous réfugier dans le « pays des chimères ». Ce n'est pas en essayant de transformer une réalité face à laquelle nous sommes souvent impuissants que l'on peut faire son propre bonheur, mais en nous satisfaisant de ce que nous avons : soit ce qui dépend de nous, soit ce refuge que constitue l'imagination, l'anticipation, ce bonheur avant le bonheur qu'est le désir.

CONCLUSION / *« Le bonheur est dans ce que nous en faisons. »* /

Le bonheur dépend donc de nous. Certes, les circonstances extérieures pèsent sur nous et nous font éprouver, ponctuellement, tristesse ou joie, mais le bonheur, état de plénitude qui dure, ne se trouve pas dans les aléas des circonstances. Il est dans ce que nous en faisons. Maigre consolation pour celui qui est frappé par une tragédie, et sans doute dans certains cas ne reste-t-il rien vers quoi se tourner pour compenser ce que nous n'avons plus. En cela, sans doute ne pouvons-nous pas toujours être heureux. Mais si nous pouvons l'être, cela dépend de nous et de notre capacité à accepter les événements. — AÏDA N'DIAYE

« Nous n'accusons pas la nature d'immoralité quand elle nous envoie un orage et nous trempe : pourquoi disons-nous donc immoral l'homme qui fait quelque chose de mal ? Parce que nous supposons ici une volonté libre aux décrets arbitraires, là une nécessité. Mais cette distinction est une erreur. En outre, ce n'est même pas en toutes circonstances que nous appelons immorale une action intentionnellement nuisible ; on tue par exemple une mouche délibérément, mais sans le moindre scrupule, pour la pure et simple raison que son bourdonnement nous déplaît, on punit et fait intentionnellement souffrir le criminel afin de se protéger, soi et la société. Dans le premier cas, c'est l'individu qui, pour se conserver ou même pour s'éviter un déplaisir, cause intentionnellement un mal ; dans le second, c'est l'État. Toute morale admet les actes intentionnellement nuisibles en cas de légitime défense, c'est-à-dire quand il s'agit de conservation. Mais ces deux points de vue suffisent à expliquer toutes les mauvaises actions exercées par des hommes sur les hommes : on veut son plaisir, on veut s'éviter le déplaisir ; en quelque sens que ce soit, il s'agit toujours de sa propre conservation. Socrate et Platon ont bien raison : quoi que l'homme fasse, il fait toujours le bien, c'est-à-dire ce qui lui semble bon (utile) suivant son degré d'intelligence, son niveau actuel de raison. »

Nietzsche, *Humain, trop humain*

EXPLICATION DE TEXTE

19/20

Excellente explication, qui témoigne d'une réelle intelligence du texte. Votre problématisation introductive est tout à fait pertinente, et votre explication est serrée et insistante. Vous vous confrontez bien aux difficultés du texte, sans les contourner ni les fuir. Vous restez proche du texte en le citant et en le questionnant régulièrement. Vous en dégagez parfaitement la structure et les enjeux. Un seul petit bémol : la dimension critique aurait pu être davantage creusée.

INTRODUCTION / *« Selon Nietzsche, la morale ne rompt pas avec la nature, mais s'inscrit au contraire dans le prolongement de celle-ci. »* /

Cet extrait d'*Humain, trop humain* de Nietzsche traite de la morale et plus précisément du mal. En posant un ensemble de normes et d'interdits, la morale prétend en effet définir des critères absolus du bien et du mal. Elle suppose que l'homme, parce qu'il est raisonnable et doté d'une volonté, est capable de ne pas céder comme l'animal à ses instincts naturels. Or, est-ce possible ? Le bien n'est-il pas qu'une manière pour l'homme de définir ce qui est utile à sa propre conservation ? Peut-on donc établir une réelle différence entre homme et nature, entre morale et instinct ? La réponse proposée est claire : *« toute morale admet des actes intentionnellement nuisibles en cas de légitime défense, c'est-à-dire quand il s'agit de conservation »*. Ainsi, la morale ne rompt pas avec la nature, mais s'inscrit au contraire dans le prolongement de celle-ci. Qu'est-ce qui vient justifier une telle thèse, qui semble rabaisser l'homme à un niveau purement animal ? Dans une première partie, Nietzsche explique que la distinction entre déterminisme naturel et liberté humaine est une erreur. Ainsi, c'est ce qu'explique la seconde partie, le droit comme la morale répondent à l'instinct de conservation. Nietzsche peut alors dans une troisième partie conclure que c'est cette conservation qui explique tout le mal que commettent les hommes.

PARTIE I / *« "Nous supposons" chez l'homme "une volonté libre aux décrets arbitraires" au lieu d'un simple instinct. »* /

Dès la première phrase, Nietzsche pose le problème auquel ce texte va tenter de répondre. *« Nous »*, les hommes, avons l'habitude de distinguer d'un côté les actions humaines et d'un autre côté les actions naturelles. Alors que nous ne qualifions pas d'immoral ce que la nature fait de nuisible, nous reprochons à l'homme ses mauvaises actions. L'immoralité est donc le sceau de l'humanité, alors que la nature est amorale. En effet, il serait absurde de reprocher à la nature son immoralité, puisque ce serait supposer chez elle une volonté qui aurait pu l'empêcher de commettre ce mal. C'est ce que dit la phrase suivante. Nous ne prenons pas la nature à parti car les phénomènes naturels sont le produit d'une *« nécessité »*. Il règne dans la nature un déterminisme qui fait que chaque phénomène n'est jamais que l'effet nécessaire d'une cause précédente. Tous les phénomènes sont liés selon les lois de la nature. On parle de nécessité car il ne peut pas en être autrement. Or la moralité suppose la responsabilité. Pour *« accuser »* quelqu'un, il faut pouvoir lui demander de rendre des comptes. Or, cela n'est possible que si l'« accusé » est lui-même considéré comme auteur libre de ses actions. Il serait donc absurde de nous en prendre à la nature lorsqu'elle nous cause du tort. Il n'y a alors pas de responsable, juste une pure nécessité et donc pas de moralité possible. À l'inverse, nous pouvons reprocher aux hommes leurs mauvaises actions, car chez eux il y a une *« volonté libre aux décrets arbitraires »*.

« L'instinct de conservation relativise le mal que l'homme peut commettre. Il explique même, selon Nietzsche, *"toutes les mauvaises actions exercées par des hommes sur des hommes"* »

En fait, nous *« supposons »* une telle volonté. L'emploi de ce verbe nous invite nous distancier de ce qui n'est qu'une hypothèse. Chez l'homme donc, il y aurait une volonté affranchie de toute forme de déterminisme et non un simple instinct. Les *« décrets arbitraires »* sont infondés – rien ne les explique ni ne les produit. La liberté réside ici dans la possibilité de faire des choix non nécessaires, non déterminés. Voilà ce que « suppose » donc la distinction entre moralité humaine et amoralité de la nature. Or cette scission est une *« erreur »*, elle reflète une méconnaissance de la nature humaine. La remise en question du caractère absolu du bien et du mal que la morale nous impose passe donc par la remise en question du fait que l'homme constituerait une espèce à part au sein de la nature. Au contraire, nous allons comprendre comment celui-là s'inscrit dans la continuité de celle-ci.

PARTIE II / *« Nous considérons comme bon ce qui est bon pour nous, car cela nous protège des torts que nous pourrions subir. »* /

Ainsi, le bien et le mal sont rabattus sur l'instinct de conservation. C'est cet instinct qui règne dans la nature et qui amène les êtres naturels vivants à fuir ce qui peut leur nuire et, au contraire, à poursuivre ce qui leur est favorable. Or, c'est à la même logique que répondent les normes du bien et du mal, en morale, et du juste et de l'injuste, en droit. Faire du mal n'est donc pas mauvais en soi, mais ne l'est que si cette nuisance n'est pas utile. Nous faisons souvent des actions *« intentionnellement nuisible*[s] » que nous ne condamnons pas. Ainsi, la morale apparaît sous un nouveau jour. Sa finalité n'est plus de proposer des principes auxquels la volonté pourra se référer pour nous permettre de rompre avec nos instincts. Elle prend finalement une fonction sociale (*« afin de se protéger, soi et la société »*).

La distinction entre droit et morale tend alors à s'atténuer. L'un organise et ordonne la société, protégeant les individus des maux qu'ils peuvent s'infliger les uns aux autres. L'autre prétend être gratuite, désintéressée, et proposer des normes absolues du bien et du mal. En réalité, elle sert également à assurer la protection et la conservation de l'individu et de l'espèce. Plus exactement, elle n'est pas si absolue qu'elle le prétend, puisqu'elle admet que l'on commette des actions nuisibles sous certaines formes. Elle n'est pas non plus si désintéressée puisqu'elle poursuit un but. Que ce soit donc l'individu qui se protège d'une nuisance ou que ce soit l'État qui punisse un criminel, nous avons affaire dans les deux cas au même processus où nous considérons comme bon ce qui est bon pour nous car cela nous protège des torts que nous pourrions subir. Notons qu'alors nous faisons « *intentionnellement* » du mal. Les torts que nous causons à la mouche ou la punition que nous faisons subir au criminel sont le fruit d'un choix, d'une décision rationnelle, parfois même d'un calcul lorsque nous devons réfléchir à la réponse proportionnée à apporter à la menace qui pèse sur nous.

PARTIE III / « *Avant tout, "on veut son plaisir, on veut s'éviter le déplaisir." Le bien n'est rien d'autre que ce qui nous est "utile".* » /

Ce qui fait la distinction entre le bien et le mal, ce ne sont ainsi pas des normes absolues, mais c'est la « *légitime défense* ». Or derrière cette expression juridique se cache un phénomène naturel : « *il s'agit de conservation* ». La légitime défense se définit précisément comme la réponse proportionnée que j'apporte à une menace. Ainsi, le droit lui-même reconnaît la conservation de la vie comme un droit, l'instinct de survie comme quelque chose dont on ne peut être tenu responsable. C'est donc que cet instinct est fondamental chez l'homme. C'est la raison pour laquelle la morale fait la part belle à cet instinct : ce qui est commis au nom de cet instinct ne peut faire l'objet d'une condamnation morale (ni même juridique) puisqu'il s'agit là d'un droit absolu de l'homme. Non seulement, donc, on trouve dans l'instinct de conservation un élément qui vient relativiser le mal que nous pouvons commettre, mais, en plus, et c'est l'objet de la dernière partie du texte, cet instinct explique à lui seul « *toutes les mauvaises actions exercées par des hommes sur les hommes* ».

Ainsi, nous trouvons l'explication de ce qui était dit dans les premières phrases du texte. Il est faux de supposer que l'homme agit par libre volonté et rationnellement. Pire encore, il s'agit de notre conservation sous un certain mode : « *on veut son plaisir, on veut s'éviter le déplaisir* ». À l'échelle de l'individu et de la société, ce que nous punissons ce ne sont pas seulement les phénomènes ou personnes qui menacent directement notre vie même, mais plus généralement ce qui nous « *déplaît* ». Il n'est – le plus souvent – pas tant question de survie que de confort (c'est ce que montrait déjà l'exemple de la mouche dont le potentiel de nuisance reste insignifiant). Cela revient à réduire un peu plus à néant les prétentions démesurées de la morale. Ainsi, Nietzsche peut conclure ironiquement, reprenant les propos que Platon fait tenir à Socrate : « *Nul n'est méchant volontairement.* »

Mais ici le sens que prend cette maxime est tout autre. « *Il fait toujours le bien, c'est à dire ce qui lui semble bon (utile).* » Tout est dit dans cette parenthèse. Le bien, ce n'est rien d'autre que ce qui nous est « *utile* ». Alors même que le bien est traditionnellement le contraire de ce qui est utile, puisque, d'une part, le bien ne peut pas servir à quelque chose s'il se prétend absolu (car, en effet, s'il doit avoir une utilité alors il est conditionné par le but qu'il poursuit et devient relatif, « *hypothétique* », dirait Kant), et, d'autre part, l'action morale est nécessairement désintéressée (car, ici encore, si nous faisons le bien pour autre chose que lui-même, alors nous l'instrumentalisons et nous lui faisons perdre son caractère absolu pourtant nécessaire à l'idée même de moralité). Le bien est même doublement relatif puisque ce que l'on appellera « bien » dépend également de *« son degré d'intelligence, son niveau actuel de raison »*. La raison apparaît ainsi à nouveau comme une puissance de calcul nous permettant de prévoir les conséquences néfastes pour nous que peuvent avoir les actions d'autrui, et donc le degré de nuisance que nous pouvons commettre. Le rapprochement avec Platon et Socrate est ainsi ironique, car si l'homme *« fait toujours le bien »*, ce n'est pas parce qu'il n'est jamais méchant volontairement, mais bien au contraire parce qu'il l'est toujours intentionnellement en proportion du déplaisir qu'il veut fuir et de la conservation qu'il cherche à assurer.

PARTIE IV / *« Les prétentions de la morale sont complètement réduites à néant. Elle ne rompt pas avec la nature, mais est déterminée par elle. » /*

Les prétentions de la morale sont ainsi complètement réduites à néant. L'attaque semble viser notamment ce que Kant propose comme loi morale, où l'on retrouve presque mot pour mot cette idée que la nature est amorale quand l'homme, lui, est moral, raisonnable et donc potentiellement immoral – et même que c'est la nature en lui qui constitue ce qui peut l'amener à être immoral. Au contraire ici, nous voyons que la morale ne rompt pas avec la nature, mais est déterminée par elle. Les implications de cette thèse sont vastes. D'abord, c'est la rupture entre l'humanité et l'animalité qui est remise en question. La capacité de l'homme à faire preuve d'une *« volonté libre »* est ici niée et c'est donc toute sa liberté telle que nous avons l'habitude de la concevoir, comme libre arbitre notamment, qui est mise en question. Ensuite, la morale et le droit sont conçus comme de simples artifices qui n'ont aucun caractère absolu. Si nous sommes habitués à le concevoir pour le droit, dont le rôle affiché est en effet l'organisation de la société, dire que la morale est également l'instrument qui nous permet d'assurer notre conservation est plus provocateur. Enfin, c'est alors la question même de notre responsabilité qui est posée. En effet, si ce que nous commettons comme actions nuisibles est fait au nom de notre nature et de notre conservation, comment nous en tenir responsables ? Nous ne pouvons pas plus accuser un homme qui commet une mauvaise action que nous ne pouvons accuser la nature d'avoir provoqué cet orage.

CONCLUSION / *« Pour Nietzsche, la morale est toute relative, alors qu'elle prétend être absolue. » /*

Ce texte nous montre donc que la morale est toute relative alors qu'elle prétend être absolue. Il montre aussi que celle-ci est déterminée par la nature et nos instincts alors qu'elle prétend être le contraire même de la nature et de l'instinct. Ainsi, l'idée de mal n'a plus rien d'absolu, et la morale elle-même apprend à composer avec des actions nuisibles pour les autres dans la mesure où elles sont bonnes pour nous. — **AÏDA N'DIAYE**

« Puisque la liberté exige que la réussite ne découle pas de la décision comme une conséquence, il faut que la réalisation puisse à chaque instant ne pas être, pour des raisons indépendantes du projet même et de sa précision ; ces raisons forment l'extériorité par rapport à tout projet et la liberté est la perpétuelle invention des moyens de tourner ces difficultés extérieures, mais il est bien entendu que la réussite doit être seulement possible, c'est-à-dire qu'il n' y a action que si les difficultés extérieures peuvent toujours être si élevées ou si neuves que l'invention humaine ne puisse pas les surmonter. Ainsi est-il toujours entendu à la fois que l'entreprise humaine a réussi à cause de la libre décision et de la libre inventivité qui a surmonté les obstacles et à la fois qu'elle a réussi parce que ce sont ces obstacles-là et non d'autres plus grands qui lui ont été imposés. Toute entreprise humaine réussit par hasard et en même temps réussit par l'initiative humaine. Si le tireur n'avait pas eu le soleil dans l'œil il m'atteignait, je manquais ma mission de reconnaissance. Il s'en est donc fallu d'un rayon de soleil, de la vitesse d'un nuage, etc. Mais, en même temps, mes précautions étaient prises pour éliminer tous les dangers prévisibles. En un mot les possibles se réalisent dans la probabilité. La liberté se meut dans la sphère du probable, entre la totale ignorance et la certitude ; et le probable vient au monde par l'homme. »

Jean-Paul Sartre, ***Cahiers pour une morale***

EXPLICATION DE TEXTE

18/20

Vous proposez une explication précise et rigoureuse du texte, de son argumentation, de sa structure et de ses difficultés. Surtout, vous veillez bien à éclairer les distinctions conceptuelles faites par Sartre. Vous vous attachez à bien en suivre la lettre et le détail, sans toutefois verser dans la paraphrase, et proposez des éléments critiques qui permettent de mettre en perspective l'extrait. L'ensemble est excellent.

INTRODUCTION / *« Pour Sartre, ce sont les "difficultés extérieures" rencontrées par l'homme quand il agit qui rendent l'action et la liberté humaines possibles. »* /

On entend généralement la liberté comme un état dans lequel un agent peut agir selon sa volonté sans obstacles ni contraintes. À l'inverse, quand des éléments extérieurs viennent contrecarrer ses projets, c'est bien sa liberté qui semble contrariée et remise en question. Dans cet extrait des *Cahiers pour une morale,* Sartre pose ainsi le problème des rapports entre la liberté et les *« difficultés extérieures »* que l'homme peut rencontrer quand il agit. Il soutient la thèse, à première vue assez paradoxale, que ce sont de tels obstacles qui rendent l'action et la liberté humaines *possibles* au double sens qu'elles peuvent être, et qu'elles ne peuvent être qu'entre le nécessaire et l'impossible, *« dans la sphère du probable ».*
Dans une première partie (jusqu'à *« l'invention humaine ne puisse pas les surmonter »*), l'auteur soutient qu'une action libre est celle dont la réalisation est seulement contingente. Il en déduit, dans une seconde partie de cet extrait (d'*« Ainsi est-il toujours entendu »* à *« la vitesse d'un nuage, etc. »*) que la réussite de toute entreprise humaine dépend toujours *« à la fois »* de l'initiative humaine et du hasard. Enfin, dans un dernier temps (de *« Mais, en même temps »* à *« par l'homme »*), Sartre définit la liberté humaine par rapport à la notion de *« probabilité ».*

PARTIE I / *« La liberté devient possible, se forge, s'exerce et se réalise au contact de ce qui semble la remettre en question. »* /

Sartre affirme tout d'abord que la liberté est impossible si le lien entre une décision et sa réalisation est celui, nécessaire, de cause à *« conséquence ».* Dans le cas, par ailleurs assez irréaliste, où la réussite de tous ses projets serait inconditionnée et certaine, où elle ne pourrait pas ne pas être, l'homme ne serait pas libre. Paradoxal, puisque l'on définit habituellement la liberté comme le pouvoir de faire exactement tout ce que l'on veut, sans en être empêché par aucune contrainte extérieure (contraintes que l'on appelle d'ailleurs parfois des *« nécessités »*). Mais si toute décision se réalise inéluctablement, presque machinalement, l'homme n'agit plus vraiment. Tout juste enclenche-t-il un mécanisme causal qui se fait ensuite sans lui, et qui peut même s'imposer à lui s'il venait à regretter sa décision. C'est donc en un nouveau sens que Sartre oppose la liberté et la nécessité : la réalisation du projet doit *« pouvoir ne pas être »,* autrement dit, elle doit être contingente, *« possible »,* c'est-à-dire ni impossible ni nécessaire.
Ce qui rend la réussite *« possible »,* ce sont *« des raisons indépendantes du projet »* et donc de l'agent. De telles *« difficultés »* constituent *« l'extériorité »,* qu'il faut opposer à l'intériorité de la pensée et de la volonté qui ne s'est pas encore éprouvée au contact de la réalité en cherchant à se réaliser. Dans l'intériorité, tout dépend de nous. Mais lorsqu'il s'agit d'action dans le monde, la liberté doit être en fonction de cette *« extériorité »* que constitue la réalité et que Sartre appelle ailleurs une *« situation »,* qui évolue constamment et n'est jamais figée.

« Sartre remet en cause l'idée d'une liberté entendue comme volonté qui ne rencontrerait aucun obstacle dans sa réalisation. Ce qui lui permet d'envisager la nature et l'importance de la notion de hasard. »

La liberté serait alors une *« perpétuelle invention des moyens de tourner ces difficultés extérieures »*. Au moment de la décision et du projet, mais plus encore au cours de l'exécution elle-même, l'homme doit s'adapter à l'extériorité. La liberté devient possible, se forge, s'exerce et se réalise au contact de ce qui semble la remettre en question. L'inventivité dont l'agent doit faire preuve à chaque fois qu'il agit, sa capacité à toujours *ré-agir* (agir à nouveau en adaptant l'action aux circonstances, ce qui est bien aussi une réaction à ceux-ci) seraient bien plus compatibles avec l'idée de liberté que l'accomplissement mécanique et implacable évoqué plus haut. Mais la réussite reste toujours seulement possible : certaines circonstances ne laissant pas la possibilité (*« trop élevées »*) ou le temps (*« trop neuves »*) de trouver une solution, de *« tourner »* les difficultés c'est-à-dire de les *contourner*, de les *arrondir* (comme on arrondit les angles) ou de les *retourner* en sa faveur.

Sartre remet en cause l'idée d'une liberté entendue comme volonté qui ne rencontrerait aucun obstacle dans sa réalisation. Une telle redéfinition de la liberté lui permet ensuite d'envisager la nature et l'importance d'une notion à la fois familière et relativement obscure : le hasard.

PARTIE II / *« On doit comprendre tout succès ou tout échec à la fois en fonction du hasard et de "l'initiative" humaine, lieu de la liberté. »* /

La deuxième partie du texte associe en effet le hasard à la liberté afin d'expliquer la réussite ou l'échec d'un projet. Sartre semble considérer que le hasard porte sur la nature et la qualité des obstacles, c'est-à-dire sur *« l'extériorité »* seule. Le hasard se définirait alors par le fait, contingent, que ce sont ces obstacles-là et non d'autres qui sont survenus. Mais une telle lecture se heurte à une difficulté. Si l'on reprend l'exemple de Sartre, on ne peut pas dire que le phénomène naturel (apparition ou disparition du soleil) considéré isolément soit un hasard. C'est plutôt du fait de la rencontre avec une action à laquelle ils viennent *« s'imposer »* de l'extérieur, que ces phénomènes naturels deviennent justement des *« obstacles »*, et que leur nature joue alors un rôle. Ainsi, la notion d'obstacle étant relative (elle n'existe que dans le rapport à l'action), on comprend que le hasard consiste bien dans le fait que ce sont ceux-ci et non ceux-là qui sont intervenus (et il concerne alors bien l'extériorité elle-même), mais

« Agir librement implique de ne pas tenter une action dont on sait qu'elle n'a aucune chance d'aboutir. **L'homme doit prévoir le prévisible et même une part d'imprévisible** »

qu'en même temps, un tel hasard n'existe que dans la rencontre entre l'action, d'une part, et un phénomène météorologique, d'autre part. C'est parce qu'elle devient un obstacle en rencontrant l'action que la présence ou l'absence d'un rayon de soleil, qui semble indépendante d'une telle action, est un hasard.

Le hasard n'est d'ailleurs pas plus à situer dans l'action elle-même, puisque dans l'action, ce qui dépend de l'agent et constitue sa liberté (décision, action et réaction à la situation) ne peut pas procéder du hasard : on n'agit pas par hasard, mais bien en suivant une intention. Le hasard est donc la rencontre entre deux éléments qui, pris comme tels, ne sont pas hasardeux même s'ils sont contingents : *« l'extériorité »* évoquée en première partie, et l'action. Notons par ailleurs que l'action d'autres hommes constitue, pour celui qui agit, une *« extériorité »* comparable à celle des phénomènes météorologiques. Pour le tireur, le hasard est la rencontre entre l'action et le soleil, mais, pour celui qui réussit sa mission, le hasard est la rencontre entre son action et l'action manquée du tireur.

On doit alors comprendre tout succès ou tout échec *« à la fois »* en fonction du hasard (rencontre entre l'extériorité et l'action à partir de laquelle la nature de cette extériorité, indépendante de l'action, devient un hasard) et de *« l'initiative »* humaine, lieu de la liberté, qui elle-même ne se définit que dans son rapport à cette extériorité. Les deux éléments sont indissociables : ils s'exercent toujours *« en même temps »*. Cependant, Sartre ne conclut pas à un fatalisme qui consisterait à dire que si le moindre événement intervient dans la réussite d'une action, l'homme, dépourvu de liberté, doit compter sur sa seule *« bonne fortune »*.

PARTIE III / *« La réussite est bien la réalisation d'un possible, dans et par le calcul de probabilité qu'implique la prévision du prévisible. »* /

Si l'agent n'est pas susceptible de tout prévoir, il doit, pour vraiment exercer et réaliser sa liberté d'action, prendre des *« précautions »* en anticipant et en *calculant* ce qui est *« prévisible »*. L'action peut toujours échouer du fait d'obstacles trop grands, relevant du hasard. Mais agir librement implique justement de ne pas tenter une action dont on sait qu'elle n'a aucune chance d'aboutir. Et surtout ne pas tenter une action sans effectuer ce *calcul de chances* et tenter, à partir de cela, *d'augmenter les chances* de réussite. L'homme doit prévoir le prévisible et même, d'une certaine manière, une part d'imprévisible afin d'évaluer la faisabilité d'une action et agir en fonction de ces informations.

Un tel calcul des chances de réussite, lié à la tentative d'augmenter celles-ci, relève de ce que Sartre appelle « *la probabilité* ». Il emploie justement un vocabulaire lié à la connaissance (« *ignorance* », « *certitude* »), car le probable caractérise ici l'action dont la réalisation a un certain degré de crédibilité, que l'homme doit à la fois connaître et augmenter. L'homme calcule et améliore ce degré sans jamais atteindre la certitude, car la réussite reste toujours seulement possible. Mais il n'agit pas dans l'ignorance : on n'agit pas librement quand on agit sans précautions, totalement livré au hasard, ignorant ce qui pourrait advenir. La réussite est bien la réalisation d'un possible (qui reste toujours seulement possible) dans et par ce calcul de probabilité qu'implique la prévision du prévisible. Pour réussir sa mission de reconnaissance, l'homme doit envisager et désamorcer « *les dangers prévisibles* », afin d'augmenter la probabilité de son succès et de rendre ainsi son action et sa réalisation plus crédibles.

Si le « *probable vient au monde par l'homme* », c'est parce que seul l'homme peut effectuer ce calcul, et parce que seule une action humaine et libre implique des précautions qui vont rendre plus crédible son succès. Réciproquement, une action n'est vraiment libre qu'à partir d'une telle probabilité, qui n'est pas une donnée extérieure, mais qui, en tant que prévision, calcul et augmentation des chances de succès, est d'une certaine manière produite par l'homme.

CONCLUSION / *« Il n'y a de liberté qu'au contact du réel, qui, s'il peut s'opposer à nos projets, laisse aussi sa place et sa chance à l'initiative humaine. »* /

La liberté humaine n'est donc pas un état où l'on peut agir sans contraintes, mais plutôt la capacité d'agir en fonction et au contact de « *l'extériorité* ». Sartre repense de manière originale les rapports entre liberté et déterminisme, que l'on opposait traditionnellement. Pour Kant, par exemple, l'existence de la liberté, qui rompt inexplicablement l'enchaînement causal et nécessaire des « *phénomènes* », est proprement « *incompréhensible* » si l'on ne pense pas la liberté dans une autre sphère que celle de la réalité. Sartre tente ici de dépasser ce que Kant considérait comme une contradiction d'abord insurmontable. Il faut justement penser la liberté d'action comme la capacité d'invention, de réaction et d'innovation aux prises avec le réel « *extérieur* ». En effet, il n'est de « *contraintes* » que pour un sujet qui agit, et il n'y a de liberté qu'au contact du réel, qui, s'il peut s'opposer à nos projets, laisse aussi sa place et sa chance à l'initiative humaine. Sartre en conclut par ailleurs, dans des œuvres comme *L'existentialisme est un humanisme,* ou *L'Être et le Néant,* que l'existence de l'homme se définit comme un « *projet* » : chacun n'est que ce qu'il fait de lui-même, dans des « situations » données avec lesquelles il doit composer, mais qu'il peut aussi tenter de modifier. — **ALBAN SUMPF**

YES, YOU CAN !

Voici deux copies de bac blanc corrigées. En attirant leur attention sur des erreurs évitables, les commentaires du professeur devraient permettre à ceux qui plafonnent à 8 ou 9 de franchir allègrement la barre des 12. Et de mesurer que le fossé qui sépare un travail passable d'un devoir bien mené n'est pas si grand. Quant à Mégane et à Hélène, elles ont désormais toutes les armes pour le franchir. —
APPRÉCIATIONS ET COMMENTAIRES : FRANÇOIS ODAM ET CHARLES PÉPIN

MINISTÈRE DE L'ÉDUCATION NATIONALE

ACADÉMIES DE CRÉTEIL, PARIS, VERSAILLES

N° de JURY:

(4 premiers chiffres de votre n° de matricule)

SESSION:

EXAMEN:

SÉRIE:

SPÉCIALITÉ:

ÉPREUVE DE:

Par Mégane, élève de TES

9/20

NOTE EN POINTS ENTIERS

Si votre composition comporte plusieurs feuilles, numérotez-les.

.../...

Remplissez très lisiblement l'en-tête à gauche et le talon ci-dessous.

N° de Matricule

CENTRE D'EXAMEN:

APPRÉCIATIONS EXPLIQUANT LA NOTE CHIFFRÉE:

Introduction trop générale qui ne fait pas apparaître de manière problématisée les enjeux du sujet. Vous décrivez plus que vous ne pensez la question. L'opposition ethnocentrisme/relativisme culturel se réduit à un simple débat d'opinion. Les références à l'esprit critique, aux droits de l'homme... sont légitimes mais mal exploitées. Vous aviez là des éléments pour éviter le piège du relativisme (en montrant qu'il est possible de se rapporter de manière critique à une culture, à commencer par la sienne) sans pour autant tomber dans l'autre piège qu'est le préjugé ethnocentrique, d'une culture se prenant comme critère d'universalité. Vous abordez confusément ces questions sans en faire la matière explicite d'une réflexion. Par exemple, il aurait pu être judicieux de montrer que derrière la question d'une prétendue supériorité culturelle se dissimulent des rapports de puissance (sur le plan militaire, économique, politique) entre les peuples. Si vous aviez abordé ces différents points de manière moins artificielle et descriptive, en en faisant l'objet d'une véritable interrogation, vous auriez pu obtenir 14/20.

« Y a-t-il des cultures supérieures aux autres ? »

Ne définissez pas la culture... par la culture ! Faites intervenir la notion de valeur.

Ne le présentez pas comme élément constitutif de la culture mais comme le produit d'une culture, pouvant servir de modèle d'émancipation

INTRODUCTION

La culture de l'homme est constituée de son environnement matériel, social et culturel. La culture se forge à partir du langage, de l'art, du travail et de la technique, de la religion et de l'histoire. Grâce à la culture, l'homme se constitue un esprit critique et est capable de porter un jugement esthétique sur son environnement aussi bien moral que social et culture. La culture est donc l'intermédiaire de l'homme qui lui permet de ne pas sombrer dans l'incapacité

Qu'entendez-vous par conception pure? Le lien aurait dû être fait précédemment, à savoir la tendanc de toute (?) culture à se saisir com norme. Distinction peu claire

Bonne intuition, une culture produit des valeurs mais faites le lien avec la notion de civilisation et la tentation ethnocentrique

à réfléchir, à juger les choses ou bien à porter des jugements de valeurs sur son environnement culturel. Cette caractéristique propre à l'homme s'appuie sur des valeurs morales, sociales et culturelles. Dans une conception pure de la culture, le relativisme culturel et le relativisme du genre humain sont confrontés. Par la culture, l'homme peut adopter le modèle du relativisme culturel ou, au contraire, celui de l'ethnocentrisme. Ainsi, peut-on considérer des cultures comme supérieures aux autres? Nous verrons dans une première partie l'ethnocentrisme de la culture comme lien culturel qui amène à la hiérarchisation des cultures en niant la diversité culturelle, puis, dans une deuxième partie, le modèle du relativisme culturel liant la connaissance de soi et celle de l'étranger.

Maladroit, ce ne sont pas les deux options d'un choix à faire

Opposition mal formulée. Peut-on évaluer avec raison des cultures? Existe-t-il un critère objectif?

PREMIÈRE PARTIE

Attention, appartenir à une culture ne fait pas de nous des êtres cultivés! Surtout si c'est pour présenter un individu incapable de supporter la différence...

Tout d'abord, l'homme est cultivé, ce qui lui donne cette capacité à juger ce qui l'entoure. Dès l'instant où il se retrouve dans une situation d'inconnu, il peut adopter une attitude néfaste au développement de la diversité culturelle. L'homme rejette l'étranger parce qu'il a une culture différente de la sienne. La culture est propre à l'individu et donc à la société dans laquelle il vit, c'est son identité culturelle. Il peut donc juger des cultures comme intolérables par rapport à sa culture personnelle. L'homme s'appuie donc dans ce cas sur le modèle de l'ethnocentrisme. Il considère comme seule valable ou comme supérieure sa propre culture, et par là même refuse nettement la diversité culturelle.

Non, mais de l'incompréhension des cultures entre elles

L'ethnocentrisme est à l'origine des différences entre les cultures. Dès lors que l'individu porte un jugement de valeur sur une autre culture, il considère donc sa culture comme un idéal qu'il prend comme élément de comparaison. Sa culture devient l'origine de toutes les cultures, auprès de laquelle toutes les cultures doivent se référer. L'individu considère donc sa culture comme un groupe de référence où toutes les autres cultures dont évaluées par rapport à elle.

Ainsi... la référence vient expliciter et approfondir l'analyse

De plus, dans Race et Histoire de Claude Lévi-Strauss, l'auteur insiste sur l'ethnocentrisme de la culture. En effet, pour lui, la nature unit le genre humain, mais la culture distingue les sociétés et les divise. L'homme en présence de l'inconnu ne cherche pas à comprendre ni

Ce n'est pas un principe d'explication… c'est vous qui tentez d'en proposer une explication !

à connaître l'autre qui se trouve en face de lui. Il adopte directement des attitudes négatives remplies de jugements critiques envers l'autre personne et sa culture respective. L'homme a plutôt tendance à ne pas tenter de comprendre l'autre mais à le rejeter instinctivement. L'ethnocentrisme viserait donc à expliquer la réaction de l'individu en cas d'inattendu. Parce que l'homme se retrouve dans une situation non souhaitée et non prévue, il se replie sur lui-même, ne laissant aucune chance d'intégration à la personnalité culturelle et sociale de la personne qu'il vient de rencontrer. L'homme n'aime pas être pris par surprise, c'est ce que l'ethnocentrisme tente d'expliquer. Bien entendu, la conception de l'ethnocentrisme va au-delà de cette simple caractéristique mais l'inattendu est un aspect contradictoire qui empêche l'individu de connaître l'autre.

Montrez alors qu'un tel instinct ou tendance est contraire à l'idée même de culture… Attention à l'analyse psychologique

L'étranger est un domaine que l'individu craint, il ne peut comprendre ce qui va au-delà du modèle de sa culture. Parce que sa culture est un idéal, pourquoi existe-t-il d'autres cultures ? Une seule et même culture suffirait-elle à rassembler tous les individus sur un même piédestal ?

Pour l'individu, sa culture est primordialement un fait (et non un idéal) qui certes engage des valeurs (horizon de sens)… montrez ce double rapport à la culture

Si l'individu paraît fermé à toute nouveauté, il en est de même pour tout ce qui se rapproche de l'inattendu. L'individu ne peut se mélanger avec des personnes qui ne pratiquent pas la même culture que lui. Mais il ne cherche pas à savoir si la culture de l'étranger peut se rapprocher de la sienne. L'idéal ne peut être unité ? Car des cultures peuvent se ressembler sur certains points que l'homme ne pourra jamais savoir. Dans le modèle de l'ethnocentrisme, l'autre personne qui n'a pas la même culture que l'individu ne peut être un homme normalement « cultivé ». Comment pourrait-on accepter des normes culturelles non conformes à la culture de référence ? Ainsi, l'ethnocentrisme centre la culture sur une culture dominante qu'il faut respecter et se forger pour devenir une personne convenable. L'homme se met en tête qu'il n'y a pas de culture supérieure à la sienne et que sa culture est à l'origine de la création des autres cultures telle une culture fondatrice. L'autre parce qu'il est différent serait barbare. Cependant, Claude Lévi-Strauss insiste sur le fait que « le barbare, c'est d'abord l'homme qui croit à la barbarie ». Les hommes sont-ils tous des barbares inavoués ?

Ne confondez pas cultivé et civilisé

En ce sens plutôt… il n'y a pas d'opposition avec ce qui précède

Bonne référence, mais allusive et formule trop générale, à mieux exploiter

Certes, mais montrez en quoi l'argument raciste est fallacieux (danger d'ériger la nature comme norme)

De surcroît, dans Nous et les Autres, de Tzvetan Todorov, d'autres conceptions peuvent s'ajouter à l'ethnocentrisme. Le racisme est un autre aspect du rejet de l'étranger. Cependant, le racisme n'est pas au fondement d'une culture. L'existence des « races » serait-elle à l'origine de la hiérarchisation des cultures ? Cela supposerait que les individus se distinguent les uns des autres et le racisme serait à l'origine de l'impossibilité pour l'individu d'apprendre à connaître l'autre, mais expliquerait également les ressemblances physiques entre les individus mais leurs différences culturelles éloignées.

En quel sens entendez-vous culture ici ? Pas au sens des cultures particulières mais d'une connaissance de l'homme… distinction à opérer

L'homme qui ne peut identifier la culture de l'autre car celle-ci emprunte des valeurs étrangères fait de l'autre un individu dépourvu de normes culturelles. Alors l'absence de culture ne serait-elle pas à l'origine du rejet de l'étranger ?

DEUXIÈME PARTIE

Premièrement, les cultures jugées supérieures aux autres semblent être injustifiées. Il faut respecter toutes les formes de culture, les valeurs religieuses ou bien les modes de vie qui peuvent être différents du modèle qu'on s'est fait de la culture. Le relativisme culturel ne suppose-t-il pas le respect de la Déclaration des droits de l'homme et le respect de la dignité de certains groupes ? Chaque groupe culturel se développe au même rythme mais sous des critères différents. Mais ce n'est pas parce qu'un individu n'a pas la même culture qu'un autre que celui-ci sera considéré comme dépourvu d'humanité. La conception de l'humanité culturelle repose sur la diversité qu'à l'homme à se construire.

Certes, mais montrez les tensions entre relativisme et universalisme. Dégagez le sens universel d'une Humanité par-delà les variations culturelles

De plus, d'après Edgar Morin, « l'homme est un être culturel par nature parce qu'il est un être naturel par culture ». La nature humaine et la culture sont emboîtées au fondement de l'identité culturelle de l'individu. La nature humaine ne serait-elle pas une construction culturelle ?

Titre de l'œuvre ? Idée à rapporter au reste, si la nature de l'homme est sa culture, il n'y a donc pas de nature humaine, ce qui invalide tout préjugé raciste.

La diversité culturelle permet également d'enrichir la société dans laquelle vit l'individu. Les différents modes de vie, les pratiques culturelles favorisent l'échange entre diverses cultures et permettent l'acceptation de l'étranger. L'inattendu n'est plus perçu comme une

Certes, on ne peut comprendre une culture que de l'intérieur… mais cela ne doit pas invalider l'esprit critique… faites le lien avec ce qui va suivre

chose négative mais au contraire comme une source de découverte et un moyen d'enrichir notre propre culture. Une culture ne peut-elle pas se compléter d'une autre culture ? Le relativisme culturel est à l'origine d'une impossibilité de classer les cultures entre elles car celles-ci sont dotées de caractéristiques tellement différentes qu'il serait presque impossible de trouver une caractéristique commune. Le relativisme culturel ne suppose-t-il pas le simple jugement interne d'une culture ? Ainsi, le relativisme est un moyen de comprendre et de connaître l'autre. L'individu doit remédier à son absence de connaissances sur la culture de l'étranger. Il est apte à reconnaître qu'une culture différente de la sienne a des valeurs et des pratiques équivalentes à la sienne. Il admet qu'une culture étrangère peut être aussi exemplaire et idéale que celle qu'il a toujours eue. La tolérance ne viendrait-elle pas du fait que l'individu accepte l'existence d'autres cultures différentes de la sienne ?

Problématisez le lien entre un relativisme critique montrant que tout universel est le produit d'une culture particulière et un universalisme critique (par ex. les droits de l'homme). Montrez que derrière la tension, les deux positions sont conciliables

Néanmoins, le relativisme culturel est limité par des critères problématiques. En effet, il se heurte à l'universalité puisqu'il prône le respect absolu de la personne humaine, alors que certains groupes vont à l'encontre de cette conception. Refuser la pratique de certaines cultures, serait-ce de l'ethnocentrisme ? Parce que l'individu veut l'égalité des cultures, il ne peut s'opposer à certaines pratiques pourtant discriminantes de certaines cultures. Le relativisme culturel suppose la liberté de culte. Toutes les cultures sont libres de pratiquer leurs rites et leurs pratiques car le relativisme culturel place les cultures sur un même pied d'égalité. Ne faut-il pas créer des normes au-delà de celles propres à chaque culture pour préserver la dignité des individus au sein de la société ?

Ne confondez pas relativisme et universalisme critique

La Déclaration des droits de l'homme défend des aspects qui peuvent aller à l'encontre des valeurs d'une culture spécifique, puisque le respect absolu de la personne n'est pas toujours respecté dans les

Faites apparaître plus clairement le problème (juste) soulevé ici, à savoir la présence de rapports (politiques) de domination sous couvert de justification culturelle. L'idée d'un droit universel ne peut-il pas servir de critère pour dénoncer ce qui dans certaines formes culturelles d'organisation sociale est une régression dans l'idée même d'homme… sans pour autant oublier que la notion d'individu est le produit de notre propre culture !

normes de certaines cultures. En revanche, il ne faudrait pas prendre la Déclaration des droits comme une culture exemplaire, car en réalité elle peut aller à l'encontre de pratiques culturelles. Elle défend les intérêts des citoyens, n'est pas tout le temps respectée, car elle n'est pas adaptée dans le respect absolu de toutes les cultures jugées équivalentes. Grâce à la Déclaration des droits de l'homme, l'individu est garanti d'avoir le respect de sa personne même si sa culture ne prend pas en compte le respect de l'individu.

CONCLUSION

Pour conclure, l'existence de diverses cultures suppose donc la confrontation entre ethnocentrisme et relativisme culturel. Selon la conception choisie, il peut exister des cultures supérieures aux autres dès l'instant où l'individu qualifie sa culture comme idéale et exemplaire. Néanmoins, il faut relativiser les choses car l'ethnocentrisme est propre à l'individu. Chaque membre de la société a le droit de choisir dans quelle conception mettre la culture. L'ethnocentrisme a un peu disparu mais persiste dans le temps. Quant au relativisme culturel qui persiste dans le temps, il permet la diversité culturelle au sein de la société. Il est au fondement de la richesse humaine, car la société est constituée d'une multitude de cultures qui se mélangent et qui peuvent se compléter.

Conclusion vague qui ne rend pas raison des enjeux. Attention aux formules creuses sur l'ethnocentrisme ! Une conclusion doit apporter une réponse à la question : par ex., si l'affirmation d'une supériorité culturelle est un faux problème servant à justifier indûment des positions de domination entre des peuples, en revanche les droits (positifs) ne se valent pas (Droits de l'homme/charia), et il est légitime de dénoncer toutes formes d'aliénation que recouvriraient des pratiques culturelles. Ainsi le relativisme culturel n'implique-t-il pas un universalisme critique ? N'est-ce pas d'ailleurs l'affirmation d'un principe (universel) d'Humanité qui a permis la reconnaissance de l'égale dignité des cultures ? Ainsi vous montrez que le relativisme culturel n'est pas un nivellement vers le bas des valeurs…

MINISTÈRE DE L'ÉDUCATION NATIONALE

ACADÉMIES DE CRÉTEIL, PARIS, VERSAILLES

N° de JURY:

(4 premiers chiffres de votre n° de matricule)

SESSION:

EXAMEN:

SÉRIE:

SPÉCIALITÉ:

ÉPREUVE DE:

Par Hélène, élève de TL

9/20

NOTE EN POINTS ENTIERS

Si votre composition comporte plusieurs feuilles, numérotez-les. .../...

Remplissez très lisiblement l'en-tête à gauche et le talon ci-dessous.

N° de Matricule

CENTRE D'EXAMEN:

APPRÉCIATIONS EXPLIQUANT LA NOTE CHIFFRÉE:

Très inégal. La partie I est bonne, mais la partie II et la partie III sont pour l'essentiel hors sujet. C'est dommage! Vous devez vérifier que, dans chaque partie, vous répondez directement à la question posée. Lorsque, dans la partie II, vous dites que les lois sont protectrices, vous ne dites pas en quel sens elles sont dangereuses. De même, dans la partie III, lorsque vous parlez de la désobéissance civile... Il aurait fallu prendre les différents arguments de votre partie I, les développer et en faire les parties de votre devoir. À savoir, vous auriez pu proposer:

1) Les lois sont dangereuses lorsqu'on y obéit automatiquement. Le réflexe menace la réflexion.

2) Votre argument « sartrien »: le risque d'une abdication de la liberté et de la responsabilité, lorsque nous nous abritons derrière les lois.

3) Votre argument « nietzschéen »: les lois menacent notre singularité.

Vous aviez donc tous les éléments pour avoir 14/20. Il suffisait de les développer et de ne garder que ceux qui permettent de traiter précisément le sujet.

« En quel sens peut-on dire que les lois sont dangereuses ? »

INTRODUCTION

[Oui] La loi, au sens juridique, est ce qui structure, organise une société. [Déplacé, hors sujet] Quand les lois sont bonnes, il faut les mettre en pratique; mais quand elles présentent un danger, il faut les remettre en cause. Mais, dans quelle mesure, comment peut-on dire que les lois sont dangereuses? [Rapide!] Le principe des lois est relatif, à replacer dans un contexte social, culturel, dans un temps, et donc illégitime. [À définir mieux] Il apparaît donc que les lois peuvent être illégitimes (ce qui est bon pour les uns ne l'est pas forcément pour les autres). En questionnant ainsi la Loi, on est déjà dans l'illégalité. [?] C'est peut-être déjà en cela que la Loi est dangereuse puisqu'il ne fait pas partie de notre spontanéité de la questionner. C'est en cela que la Loi est [Assez bien] dangereuse puisqu'on la pratique aveuglément. Mais les lois sont aussi protectrices, puisqu'elles organisent la société. On peut donc élargir notre réflexion et affirmer que les lois doivent être respectées, pour ne pas être dangereuses.

H.S.

Où est la problématique ? Il faudrait, par exemple, pour la faire apparaître, opposer deux raisons de d[ire] que les lois sont dangereuses.

PREMIÈRE PARTIE

On peut dire, au premier abord que les lois sont dangereuses, dans le sens où elles font l'objet d'une obéissance aveugle. Nous sommes, pour la plupart des pays aujourd'hui, en démocratie. Ce régime politique instaure des lois qu'il est naturel pour nous de pratiquer. En effet, l'État nous protège et nous, nous obéissons aux lois. C'est ce que l'on pourrait appeler l'« automatisme citoyen » (par exemple, quand on s'arrête au feu rouge en voiture, pour laisser passer les piétons ; geste automatique auquel on ne prend pas garde que c'est une loi). Cet automatisme paraît être un danger puisque nous ne le remettons même pas en question. Il est dans notre pratique culturelle et politique de se cacher ainsi derrière les lois. Ainsi, quand une loi est dangereuse cela constitue un véritable danger. Lors de la rafle du Vél d'Hiv, des policiers français ont fait déporter plusieurs milliers de Juifs, plaçant la responsabilité au-dessus d'eux (« C'était la Loi »).

? — Mal dit — A.B. — Mal dit — À développer — À justifier

Sartre dénonce cette lâcheté. Pour lui, philosophe du xxe siècle, l'Homme obéit aux lois, aveuglément, prétextant le déterminisme. À ceux qui proclament que la loi est nécessaire et que sa remise en question mène au chaos, Sartre répond non. La Loi prévoit aussi des sanctions, ce qui prouve qu'il est prévu que certains la remettent en cause. *… et que nous sommes libres d'obéir ou n[on]* À ceux qui disent que la Loi est une obligation morale, Sartre érige les principes de Loi et de Morale et les met en tension : la Loi est relative, tandis que la morale est universelle. Si la Loi est relative elle peut donc paraître illégitime à certains. De plus, l'« obligation » *juridique* ~~vient toujours~~ d'une contrainte extérieure, alors que la morale nous vient de l'intérieure. Par exemple, c'est obéir à la Loi que de patienter dans une file d'attente. Mais cela peut paraître immoral de faire patienter dans une file d'attente, une personne âgée, une femme enceinte, comme si elles étaient sur le même plan physique que n'importe quel quidam. Pour Sartre, obéir à la Loi aveuglément, c'est pouvoir alléger le poids de la Liberté qui pèse sur nous. Avec les lois, nous n'avons pas à réfléchir à lutter contre notre égoïsme naturel. On se laisse

Cf. la « mauvaise foi » — Mal dit — Souvent — À mieux relier au sujet — Oui. À dév. C'est ça qui est dangereux.

À dév. : abdication de la liberté et du jugement.

porter et on en tire ainsi une satisfaction indirecte. Cette satisfaction tirée d'une obéissance aveugle aux lois nous montre bien que si une loi est dangereuse, et qu'elle est ainsi une satisfaction effective, en puissance, elle constitue un véritable danger. Enfin, les lois *toujours générales,* peuvent constituer une menace sur notre singularité, et c'est ainsi qu'elles peuvent être dangereuses. Cette préoccupation de la singularité, de la diversité de tous les êtres humains, est un élément central dans l'œuvre du philosophe allemand du XIXe Nietzsche. Pour lui, les lois sont dangereuses puisqu'elles veulent réunir dans un précepte une multitude de personnes différentes. Si l'on prend l'exemple du nazisme en Allemagne au XXe, on voit bien que les lois servent ici à uniformiser (les « Aryens » sont une « race supérieure » et les Juifs sont à « éliminer »). Bien sûr, cet exemple est très radical puisque les lois de tous les pays ne visent pas à exterminer un peuple au profit d'un autre. Cette menace que constituent les lois, sur les autres (à cause de notre égoïsme) et sur nous (sur notre singularité), nous permet de dire que l'obéissance aux lois est dangereuse si les lois elles-mêmes sont dangereuses. Cependant, les lois sont ce qui structure nos sociétés.

Oui

À dév. !

Mal dit

Rapide

Soit

Pas seulement ! Elles constituent une menace sur notre singularité même lorsqu'elles sont « bonnes »..

DEUXIÈME PARTIE

Les lois sont protectrices car elles organisent la société. On trouve l'origine des lois dans les toutes premières sociétés, civilisations. Cette origine n'est pas philosophique, mais purement matérialiste. Les populations (paysans, marchands...), étant lasses des pillages et de la domination des plus forts, ont choisi de donner leur liberté à un seul homme, contre la sécurité. Cette sorte de pacte est une preuve que les Hommes veulent vivre ensemble et en société. Mais la volonté de domination est inhérente à la nature humaine. C'est pour cela que la sécurité doit être assurée par des lois instaurées par le chef du gouvernement (selon Hegel, le tyran, puis la partie de la population possédant le pouvoir–dans les démocraties grecques–, puis tous les Hommes, après la Révolution de 1789). Les lois nous protègent donc, mais constituent un bien puisqu'elles font acte d'arrachement à notre nature humaine, cruelle, dominatrice. Elles peuvent être dangereuses, comme nous l'avons démontré précédemment, mais on ne peut les supprimer. Goethe, philosophe, écrivain allemand (XIXe) a d'ailleurs bien dit qu'« il vaut mieux une injustice qu'un désordre ». Les lois, par l'arrachement à notre nature violente, sont

?

A-t-il vraiment eu lieu ?

Soit

Trop rapide

Soit...

Et le sujet ?

bonnes, structurantes, protectrices. Elles permettent la vie ensemble, qui, par notre seule morale, serait impossible (car nous sommes profondément égoïstes). Quelque part, les lois sont plutôt utopiques. Elles rêvent d'un monde et d'une société parfaite, de tirer le meilleur de l'Homme, pour qu'il atteigne une humanité, sa dimension universelle; elles nous épurent, et font accoucher l'abstrait (universel) du concret (notre nous, moi, je, égoïste, et humain). Karl Marx, philosophe et sociologue allemand du ~~XXe~~ *XIXe*, débute son Manifeste du Parti communiste en faisant remarquer que l'Histoire de l'humanité n'est rien d'autre que la domination des dominés par les plus forts. D'ailleurs, Rousseau dit que « le plus fort n'est jamais assez fort s'il ne transforme pas sa force en droit ». Les lois peuvent paraître illégitimes, mais elles fondent nos sociétés. Il est vain de vouloir lutter contre la Loi. Il faut lutter contre certaines lois. Lutter, se questionner, remettre en cause, sont autant de faits qui nous mettent dans l'illégalité. Cependant, nous avons vu dans une première partie que les lois pouvaient être dangereuses; et paradoxalement, dans une deuxième partie, qu'elles étaient structurantes et même bonnes. Ainsi, la Loi n'est dangereuse que si on lui obéit aveuglément. Il faudrait plutôt la respecter.

? — En quoi cela les rend-elles dangereuses? — Hors sujet! — Trop allusif — Pas toujours! — H.S. — Oui

TROISIÈME PARTIE

Respectées, les lois ne sont plus dangereuses. Nous distinguerons le respect de l'obéissance, avant de montrer que la désobéissance ~~est~~ *peut être* la preuve d'un amour supérieur de la Loi. Les premières démocraties étaient directes. À Athènes, les Grecs se réunissaient dans l'Agora pour discuter ensemble, du bien commun, et voter les lois en conséquence. Aujourd'hui, nous sommes en démocratie représentative: nous élisons des députés qui établissent des lois (que nous approuvons). La réflexion directe n'est plus possible. Chacun ne peut se faire entendre. Il s'agit donc de réfléchir avec soi-même, sur le bien-fondé d'une loi. Comment sait-on si une loi est bonne ou non? Peut-être devrions-nous pour cela donner une dimension morale à la Loi: je la mets en pratique si ce qu'elle veut que je fasse aux autres, je voudrais qu'on me le fasse à moi. Si une loi n'attaque pas un individu, ne tue pas son humanité, ne porte pas atteinte à sa personne, alors je pratiquerai cette loi.

Bien! — Soit — Mal justifié par rapport au sujet.

Cependant, je dois agir avec les autres. Martin Luther King disait qu'il n'y a pas de plus grande preuve de respect de la Loi, que d'enfreindre cette

Bien… mais hors sujet.

Loi, tout en acceptant la sanction prévue, afin de soulever la conscience sociale. Je n'agis pas comme un individu associable, égoïste et hors la Loi. Je remets une loi en question parce que d'autres estiment comme moi qu'elle est mauvaise. Martin Luther King a lutté contre les lois raciales aux États-Unis pendant le xxe siècle. Mais il n'était pas délinquant. C'était le leader de milliers de noirs refusant le racisme. Respecter la Loi, c'est agir au nom des autres, pour les autres.

Assez bien

Oui ! À replacer dans votre première partie.

Réfléchir sur le bien-fondé d'une loi et la contester (avec un groupe) sous-entend « désobéir à la Loi ». On peut donc opposer, distinguer le respect de l'obéissance. Respecter impose une réflexion, un jugement, qui aboutit ou non sur le respect. L'obéissance est spontanée, aveugle, et fait plutôt preuve d'inconscience. Les lois sont dangereuses si on y obéit, mais pas si l'on respecte la Loi. En effet, si les populations n'adhèrent pas à une loi, la poignée d'hommes qui l'ont imposée n'a plus de pouvoir (« Le plus fort n'est jamais le plus fort s'il ne transforme pas sa force en droit »). Une personne dangereuse a besoin de l'adhésion, de l'obéissance des autres (n'oublions pas le principe de propagande). Si tous respectent la Loi, le plus fort n'est pas entendu, la Loi n'est pas dangereuse.

CONCLUSION

Reprécisez ici en quel sens.

Oui

Les lois sont dangereuses si on y obéit aveuglément. Si on respecte la Loi, alors les lois sont sources de stabilisation sociale, d'arrachement à notre nature humaine et égoïste et avide de pouvoir ; et nous font atteindre notre pleine humanité. Le respect des lois, de la Loi, c'est l'amour de la Loi et donc l'amour et le respect des autres (puisque la Loi permet de vivre ensemble). Dans Germinal, Claude Lantier est un ouvrier formé, communiste, idéaliste. Arrivé dans une mine où il trouve du travail, il découvre un monde grossier, de misère, de débauche, de violences et d'injustices. Ému, et animé d'une violente foi politique, il tente de créer un mouvement de mineurs sans précédent. S'attirant toutes les amitiés dès le début du roman par sa volonté de réformer, au nom d'une société et soutenu par elle (la société des mineurs), les lois, il sera perdu par la suite, par sa soif de pouvoir, de gloire, et par sa nature égoïste. Seul, il n'a plus aucune crédibilité, et son respect des lois se transforme en lutte d'un homme fatigué d'être miséreux, la lutte belliqueuse d'un homme complexé et avide.

?

IL A MÉLANGÉ DU SPINONZAN AVEC DE L'ARISTOX!
LE OUF!

TOUS DOPÉS ?

Oui, mais comment ? Alcool, Guronsan, Lexomil, Red Bull : attention aux effets pervers ! Nos solutions alternatives pour les addicts. —

PAR CHARLES PÉPIN

Les mythes ont la vie dure, et notre travail de philosophe rationaliste est aussi de les déconstruire avec méthode :

« Un bon Red Bull est idéal pour trouver la problématique. »

Non ! Le Red Bull est parfait pour faire la fête en Espagne l'été d'après le bac, réduire ses heures de sommeil sans souci, ou, mélangé à la vodka, oublier tous ses tracas. Pour trouver la problématique, il faut justement chercher le problème : pourquoi la question est difficile et pourquoi c'est une chance de devoir la traiter au bac.

« Boire un verre de vin avant l'épreuve de philo donnerait une inspiration salutaire. »

Faux ! Si vous n'êtes pas habitué à consommer ce genre de breuvage, ce n'est surtout pas le moment de commencer ! Vous attendent endormissement, mal au cœur ou hypoglycémie bien plus probablement qu'inspiration inédite. Et si vous y êtes accoutumé, vous savez que ce sera meilleur après, pour fêter ou oublier. La meilleure façon de trouver l'inspiration, c'est plutôt d'essayer de faire résonner le sujet par rapport à votre vie personnelle.

« Ingurgiter une Desperados aide à mieux comprendre tous ces philosophes désespérés comme Schopenhauer ou Kierkegaard. »

Non, cela permet juste de mieux cerner certains supporters de foot. Si vous voulez mieux saisir l'aigreur de Schopenhauer, sachez qu'il enseignait dans un amphi mitoyen de celui de Hegel, qu'il n'y avait personne à son cours tandis qu'une foule affluait, souvent de très loin, pour boire, juste derrière la cloison, les paroles du philosophe idéaliste. Et si vous voulez comprendre (un peu…) Kierkegaard, apprenez qu'il a quitté, très jeune, l'amour de sa vie, juste après l'avoir rencontrée : ne voulant pas que la suite de l'histoire gâche la promesse des débuts, il a vécu sa vie entière dans le souvenir de cette simple promesse.

« Plutôt que de prendre un anxiolytique, appliquez la "méthode Épicure" : dites-vous que le monde et vous, vous existez, mais que vous "auriez pu ne pas être". L'existence même devient alors un miracle! »

« Se doper au Guronsan booste pendant quatre heures. »
Négatif! Le Guronsan est un piège qui peut être fatal. Si vous le prenez en une fois, vous serez rapidement boosté, mais trop et trop peu de temps. Trop: tachycardie et sueurs froides au bout de vingt minutes. Trop peu de temps: plus rien après – si, un abattement anormal. La solution: mettre un seul cachet dans une bouteille d'eau et la boire en quatre heures, par petites gorgées. Mais la meilleure façon de tenir, c'est quand même de diversifier l'argumentation et chercher à convaincre.

« Prendre un Lexomil la veille permet de se détendre et de s'endormir. »
Attention, danger! Même en en prenant un quart, si c'est la première fois, vous risquez de vous réveiller avec l'esprit plus embué que jamais. Pour vous détendre, écoutez Justin Timberlake ou imaginez Sartre en train de faire l'amour.

« Avaler un comprimé de Xanax le matin du jour J déstresse. »
Ici encore, grand danger! Ni Xanax ni autre anxiolytique, sauf si, bien sûr, vous êtes coutumier du fait. Car alors risque de s'ajouter au stress de l'épreuve celui de la découverte des effets indésirables de cette substance: amnésie, sensation de douce euphorie, somnolence, troubles du comportement… Dans tous les cas, c'est peu propice aux quatre heures de concentration nécessaires. Pour être moins stressé, pour « relativiser », appliquez plutôt « la méthode Épicure ». Dites-vous que le monde existe, mais qu'il « aurait pu ne pas être ». Que vous aussi, vous existez, mais que vous « auriez pu ne pas être ». Vous voici maintenant en train d'arpenter le trottoir pour aller passer votre bac philo dans un monde absolument contingent; c'est alors l'existence elle-même qui est un miracle. Dans ce contexte, avoir la note de 8 ou 14 à son bac philo…

Et si vous cherchez vraiment un bon dopant, sûr et approuvé, en plus de l'amour de la pensée et des méthodes de ce hors-série, n'hésitez pas: deux petites bouteilles de Coca de 50 cl (normal, pas Light ni Zéro) ou, si la caféine contenue dans ce breuvage ne vous sied pas, de n'importe quel soda, à boire par gorgées courtes et régulières!

À VOS MARQUES !

Olivier Dhilly et Pascal Sévérac corrigent depuis plus de dix ans les copies du bac philo. Ensemble, ils détricotent ici les mythes qui hantent les cours de lycée, mettent en garde contre les faux pas et livrent quantité d'astuces pour mener à bien l'épreuve reine jusqu'à la dernière minute. —

PROPOS RECUEILLIS PAR CÉDRIC ENJALBERT

OLIVIER DHILLY : L'un des premiers poncifs à évacuer, c'est l'arbitraire de la notation. Il faut savoir, par exemple, que des copies tests sont parfois distribuées aux correcteurs à leur insu. De niveaux différents, elles concernent les divers sujets et sont noyées dans les paquets à corriger. Au bout de quelques jours, les correcteurs se mettent autour d'une table et discutent de ces copies tests, qui sont dévoilées au cours d'une réunion dite d'entente.

PASCAL SÉVÉRAC : Il existe en réalité deux réunions. La première, d'entente, se tient quelques jours après la récolte des copies ; l'autre, d'harmonisation, quelques jours avant la restitution des copies corrigées, au cours de laquelle on unifie la notation. Dans la réunion d'entente, on n'épluche pas point par point la copie test, mais on évalue la note qu'elle mérite sans corrigé type. Jamais on n'affirmera : il faut en passer par telle référence ou telle problématique ! Une fois que l'on a donné sa note, il faut la justifier. Celui qui a mis la meilleure et celui qui a mis la plus mauvaise devront indiquer ce qu'ils ont valorisé ou sanctionné. Et leurs collègues discuteront avec eux pour convenir de critères communs.

O.D. : On se met aussi d'accord sur une note minimale, dès lors qu'une copie ressemble à une copie.

P.S. : Une copie qui ne joue pas le jeu est une non-copie. Elle vaut moins de 5/20. Un mauvais devoir qui remplit les critères d'une copie, qui comprend introduction, conclusion et développement, aura 5 ou 6.

O.D. : Une copie développée, sans fautes d'orthographe, décrochera un 8 ou un 9…

P.S. : Et la légende qui veut qu'on ait une bonne note en écrivant uniquement sur la copie « le risque, c'est ça » est fausse.

O.D. : Ce mythe vient d'un film datant de la fin des années 1970, *Le Pion*. Le professeur y demandait : « *Qu'est-ce que le risque ?* » L'élève répondait : « *Le risque, c'est ça.* » Et obtenait 18/20 !

PASCAL SÉVÉRAC

« Même si on a peur de sa pensée, on peut revenir au sujet dont on s'est éloigné en relisant le cheminement de la copie »

P.S. : Une telle réponse fera peut-être sourire, mais l'élève aura 0 ou 1 car le correcteur évalue une problématique et une argumentation.

O.D. : Autre mythe à balayer, celui du lien entre les sujets et l'actualité. Ils sont élaborés trop à l'avance pour que les pronostics aient un sens. La rumeur concernant les fuites ne tient pas plus debout : même quand on est de fabrication de sujet, impossible de savoir lequel tombera, parce qu'on ne sait pas pour quelle épreuve on travaille. Dernière idée à se retirer de la tête : « *J'ai été inspiré, maintenant tout dépendra de l'avis du correcteur.* » Penser que l'on aura un bon résultat parce qu'on plaît à quelqu'un, c'est n'avoir pas compris l'esprit philosophique. Celui qui réussit n'est pas celui qui plaît mais qui surprend, qui ne va pas nécessairement dans le sens des idées communes et qui construit une argumentation.

P.S. : L'esprit philosophique, c'est comprendre le sens d'un problème et trouver les moyens de surprendre, de poser des questions déroutantes. C'est précisément si vous parvenez à livrer une pensée qui n'est pas attendue que vous intéresserez.

O.D. : Avec comme seconde nécessité d'argumenter. Ce n'est pas au nombre d'opinions alignées que l'on progresse. L'originalité ne suffit pas. Le correcteur attend un paragraphe argumenté exposant toutes les raisons de dire ce qu'on avance.

P.S. : Il est rare d'avoir une pensée qui parvienne à développer tous les présupposés de son opinion, qui définisse les termes principaux et relève les ambiguïtés, qui soit capable d'expliquer pourquoi elle pense ce qu'elle pense. Pour avoir une bonne copie, il faut, *primo,* jouer le jeu et présenter un devoir qui en ait les codes ; *deuzio,* connaître son cours pour limiter les dégâts ; et, enfin, traiter la spécificité du sujet. À celui qui a travaillé son cours mais ne s'est pas bien confronté au sujet, on mettra 8 ou 9/20. Celui qui n'a pas trop de contenu mais travaille vraiment le sujet aura au moins la moyenne. Et inutile, pour cela, d'apprendre une tripotée de citations.

O.D. : Mieux vaut se servir d'une citation comme d'un moyen mnémotechnique pour retrouver la réflexion d'un auteur. Il ne faut jamais l'utiliser de manière décorative, mais l'expliquer systématiquement, montrer la thèse qu'elle développe. Une citation est, au mieux, un tremplin pour la suite.

P.S. : Le correcteur se moquera d'une citation qui vient comme un « couronnement ».

O.D. : Lors de la lecture du sujet, mieux vaut éviter de faire marcher sa mémoire et de se raccrocher immédiatement à une fiche de cours. Commencez par tout oublier pour être disponible et lisez attentivement la question. Ensuite, une excellente copie est une copie qui parvient à rendre raison de tout ce qu'elle expose. Ce n'est pas celle qui révolutionne la pensée, mais celle qui est construite et mène une réflexion en passant par des étapes suivant un plan qui ne soit pas thèse, antithèse, synthèse… Cette organisation est absurde. Comment quelqu'un d'un peu sensé pourrait dire successivement et sincèrement une chose et son contraire ? Inutile de développer une idée fausse, en feignant de croire qu'elle est vraie, pour affirmer plus loin que c'est erroné.

P.S. : On peut certes montrer des insuffisances internes pour essayer de les dépasser. On peut être un peu « caricatural » et ne pas soulever toutes les objections simultanément sans quoi on ne réussira pas à construire, mais cela ne doit pas aboutir à soutenir une position intenable. Un plan formel qui irait pour tous les sujets n'irait à aucun. Un plan, c'est un contenu, pas une coquille vide. C'est pourquoi on évite les « de plus », « de surcroît »… totalement artificiels. L'enjeu n'est pas de juxtaposer les affirmations. Il s'agit de donner l'apparence d'un enchaînement logique des idées. Un des moyens d'y parvenir est d'être attentif à tout ce que l'on écrit ; pour cela, il est bon de se relire et de chercher ce que l'on pourrait éclaircir. C'est pourquoi les transitions doivent être logiques et articulées, expliquer ce qui est insuffisant, ou montrer comment déporter le regard vers une nouvelle idée.

O.D. : L'idée nouvelle ne viendra jamais de l'extérieur, mais de son propre texte. En effet, l'argumentation n'est pas une juxtaposition d'affirmations. Elle requiert un fil continu.

P.S. : En ce sens, dissertation et explication sont assez proches. Dans les deux cas, il s'agit d'exposer les raisons de penser ce que l'on pense.

O.D. : La difficulté particulière du commentaire de texte est la différence entre explication et paraphrase. La paraphrase consiste à dire ce que dit l'auteur, l'explication consiste à dire pourquoi il le dit. Pour l'explication de texte, la méthode fait encore débat. Faut-

OLIVIER DHILLY

« Le plan thèse, antithèse, synthèse est absurde. Comment quelqu'un d'un peu sensé pourrait-il dire une chose et son contraire ?" »

il préférer une démarche en deux temps : explication et discussion critique, ou une explication linéaire qui procède à la critique ?

P.S. : Les deux sont acceptables : expliquer puis discuter ou discuter en expliquant. Je conseille la seconde pour éviter de faire une explication expéditive puis un commentaire affichant ses propres opinions, en ayant mal expliqué l'auteur, voire oublié ce qu'il a dit.

O.D. : Dans tous les cas, le plan de l'explication épouse théoriquement le plan du texte. C'est une façon d'éviter le hors sujet. S'agissant du hors sujet, il est important de ne pas tout reprendre ou effacer à la fin de l'épreuve en estimant que ce que l'on a posé jusque-là est inepte. Un hors sujet, c'est proprement ce qui n'a pas été mis en rapport avec le sujet. Demandez-vous plutôt : « pourquoi ai-je écrit cela ? » et ajoutez un lien, le cas échéant.

P.S. : Un moyen de revenir au sujet est de relire le cheminement de la copie. Beaucoup ne le font pas, par peur de se confronter à leur propre pensée.

O.D. : Or une dissertation, c'est une explication de son propre texte. Donc, quand on est perdu, ne jamais hésiter à prendre une feuille et à se reprendre en notant les étapes de sa réflexion, oser considérer sa copie comme un texte à lire ! J'en vois, quand ils sont bloqués, repousser leur copie et regarder par la fenêtre…

P.S. : Comme si la solution venait d'ailleurs ! Mais la vérité est dans leur texte !

O.D. : Ceux qui bloquent autour des questions formelles, qui ne savent pas comment exprimer tel argument, on remarque qu'ils ne se posent plus ce genre de questions dans l'urgence. L'idéal est d'être dans l'urgence tout le temps de la rédaction et de ne pas s'embarrasser de questions superflues.

P.S. : D'où l'importance d'avoir choisi de façon certaine son sujet au bout d'un quart d'heure, et de commencer à rédiger rapidement. Mais pas à la va-vite – l'orthographe et la syntaxe sont importantes. Il n'existe pas de barème selon le nombre de fautes, mais lorsqu'il y en a trop, la copie est illisible. Des phrases incohérentes ou incompréhensibles font perdre le fil de la pensée. Il faut faciliter la lecture. J'appelle ça « peindre l'échafaudage en rouge », pour expliquer qu'il est important de souligner les étapes du raisonnement.

O.D. : Je recommande, quand on a une idée à exposer, de la répéter trois fois : on l'annonce, on la dit et on synthétise. L'un des moyens de ne pas perdre le fil est de récapituler sa pensée. Cela permet finalement de conclure facilement.

P.S. : Cette dernière étape n'est pas à négliger, même si l'introduction est plus importante. Avec une bonne introduction qui pose d'emblée le problème, un grand pas est fait.

O.D. : Mon conseil pour rédiger une conclusion dans l'urgence : relire l'introduction et répondre simplement à la question posée en ouverture.

P.S. : Et ne pas oublier qu'une conclusion clôt le propos… elle ne l'ouvre pas ! Il n'est plus temps de poser une question purement rhétorique qu'on ne traitera pas. —

LE PROGRAMME

VOS SÉSAMES

Vous savez désormais survivre sur le continent philosophique. Mais pour vous y intégrer, il vous faut en connaître l'histoire, les faits marquants… Bref, le programme. Et cela peut sembler rédhibitoire à certains, fâchés avec l'abstraction. Pas de panique ! L'auteur de notre minimanuel a réussi le tour de force d'en résumer les 23 notions sans les dénaturer, et, incroyable, de la définition aux exemples en passant par la pensée des grands auteurs, on comprend tout ! Ensuite, notre bêtisier vous enverra de gros signaux lumineux pour éviter les contresens qui font mal. Puis vous deviendrez incollable sur les repères grâce à Kevin, le héros de notre livre, qui a une façon bien à lui de les expérimenter. Enfin, notre quiz vous permettra de vérifier que cette fois, c'est sûr, vous êtes prêt !

LA POLITIQUE / L'ÉTAT - LA SOCIÉTÉ - LA JUSTICE ET LE DROIT
LA MORALE / LA LIBERTÉ - LE DEVOIR - LE BONHEUR
LE SUJET / LA CONSCIENCE - L'INCONSCIENT - AUTRUI - LA PERCEPTION - LE DÉSIR - L'EXISTENCE ET LE TEMPS
LA CULTURE / LE LANGAGE - L'ART - LA RELIGION - L'HISTOIRE - LE TRAVAIL ET LA TECHNIQUE
LA RAISON ET LE RÉEL / LA VÉRITÉ - LA DÉMONSTRATION - L'INTERPRÉTATION - THÉORIE ET EXPÉRIENCE - LA MATIÈRE ET L'ESPRIT - LE VIVANT

LE MINIMANUEL DES NOTIONS

C'est la dernière ligne droite. Potasser l'œuvre de Platon, Kant ou Hegel, ce sera pour plus tard. Vous devez maintenant vous concentrer sur l'essentiel : les 23 notions du programme. Conduite de survie, donc : bachotage, mais bachotage intelligent. Car sans ces connaissances, impossible de bâtir un travail solide. Ces notions sont présentées sous forme de fiches, sans concession sur le contenu, et classées selon les cinq thèmes du programme : le sujet, la culture, la morale, la politique, la raison et le réel. Et pour chacune, une définition, les éclairages de trois auteurs majeurs et deux exemples. Le programme comme vous ne l'avez jamais lu !

PAR NICOLAS TENAILLON

ALORS, PREMIER "IMPÉRATIF CATÉGORIQUE" : ...
...CHANGER LES RIDEAUX ET LA MOQUETTE !
DIS-DONC, ÉDOUARD...
TU NE CROIS PAS QUE TU FERAIS MIEUX DE RÉVISER LA PHILO PLUTÔT QUE REGARDER DES ÉMISSIONS DE DÉCO SUR M6 ?
MAIS MAMAN !
C'EST "CRITIQUE DE LA MAISON PRATIQUE", ANIMÉ PAR MANU KANT !
Jul

L'ÉTAT

LA POLITIQUE

DÉFINITION

L'État, notion proprement politique, désigne l'autorité la plus haute pour gérer le « vivre-ensemble ». Il se distingue de la société à laquelle il impose son arbitrage lorsque des conflits apparaissent entre les intérêts privés. Détenteur de la force (policière et militaire), l'État peut se définir comme le détenteur du *« monopole de la violence légitime »* (Max Weber). Cette force s'exerce sur un territoire, qui peut regrouper plusieurs nations (ce fut le cas de l'Empire austro-hongrois). On ne parle d'État qu'à partir de la fin du XVe siècle, la philosophie antique ne connaissant que la cité (*polis* en grec, d'où le mot « politique »). Avec le passage de la cité à l'État, l'État devient artificiel et non plus naturel : il est le produit d'une volonté qui se soumet, par contrat, à une autorité lui garantissant sécurité et liberté. Mais cet idéal est souvent trahi par les gouvernants. D'où l'anarchisme ou le projet marxiste d'un dépérissement de l'État.

EXEMPLES

Les épis d'Hérodote

Hérodote raconte que Périandre, tyran de Corinthe, avait envoyé un messager au tyran de Milet pour apprendre comment ménager sa sécurité et assurer son succès. Le tyran de Milet ne répondit rien mais, se promenant le long d'un champ de blé avec le messager, coupa soudain toutes les têtes des épis qui dépassaient. Le tyran ne peut garantir sa sécurité qu'en éliminant les hommes les plus vaillants et les plus doués de la Cité. Un État tyrannique est donc nécessairement une médiocratie. Seule la peur qu'il inspire au peuple permet à ce régime de se maintenir.

L'île d'Utopia

Thomas More imagine une cité idéale pour dénoncer l'injustice qui règne dans l'Angleterre de son temps. En Utopia, tout le monde travaille, si bien que personne ne profite des autres comme le font les nobles ou les soldats anglais ; il n'y a pas de différence vestimentaire, donc pas de signes extérieurs de richesse ; on change de maison régulièrement, aussi on ne possède rien durablement ; on prend ses repas en commun, on joue de la musique, on s'instruit : tout est partagé et convivial. Bref, More propose d'abolir les causes de l'injustice par des règles bien établies. C'est par conséquent la constitution (ici, celle voulue par le roi Utopus) qui rend l'État juste.

TROIS AUTEURS MAJEURS

MACHIAVEL

« Quiconque veut fonder un État et lui donne des lois **doit présupposer que les hommes sont méchants** »

(Le Prince)

HOBBES

« Pour parvenir à la paix et grâce à celle-ci à leur propre conservation, **les humains ont fabriqué un homme artificiel que nous appelons un État** »

(Léviathan)

ARENDT

« **Le totalitarisme ne tend pas vers un règne despotique sur les hommes,** mais vers un système dans lequel les hommes sont superflus »

(Les Origines du totalitarisme)

Pour l'auteur du *Prince,* l'important en politique n'est pas de trouver le meilleur régime possible (question morale) mais d'établir quels sont les moyens nécessaires pour acquérir et conserver le pouvoir (question technique). *« La fin justifie les moyens »,* et le Prince ne doit pas hésiter à prendre des mesures que la morale réprouve comme la force ou la ruse. Tantôt lion, tantôt renard, le Prince ne peut justifier son action qu'en regard de l'intérêt supérieur de l'État. Même si Machiavel ne parle pas de « raison d'État », c'est bien de cela qu'il s'agit.

Hobbes est le premier penseur politique à proposer une conception contractualiste de l'État : à l'état de nature, *« l'homme est un loup pour l'homme »* : il a peur de son semblable et se croit légitimé à le tuer pour ne pas être tué. Cette situation de guerre généralisée conduirait à la disparition du genre humain si les hommes ne passaient entre eux un contrat par lequel ils transfèrent leur force à un seul d'entre eux (le Léviathan) qui, en échange, garantit à tous la sécurité. C'est, pour Hobbes, la première mission de l'État.

La politologue Hannah Arendt montre que le totalitarisme constitue une forme inédite de régime politique. Il diffère de la simple tyrannie en ce qu'il exige la politisation des masses par l'acceptation d'une idéologie ôtant toute liberté de pensée au citoyen. Ainsi l'État totalitaire réalise-t-il une véritable fusion entre le peuple et son chef. Son centre est le lieu où la différence entre les hommes est éradiquée : le camp de concentration. Pour éviter un tel système, il faut s'inspirer des fondements grecs du politique, sur l'agora, lieu du débat où s'exprime la différence d'opinions.

LA SOCIÉTÉ

LA POLITIQUE

DÉFINITION

La société désigne un ensemble d'individus reliés entre eux par une culture et une histoire. Il est donc abusif de parler de sociétés animales qui ne se perpétuent que par hérédité – et non par héritage –, mais pertinent de parler de société industrielle. La notion de société pose d'abord un problème anthropologique : l'homme est-il naturellement sociable comme le soutient, par exemple, Aristote ? Pour savoir comment et pourquoi les hommes sont entrés en société, on oppose depuis Hobbes un état de nature (fictif) et un état de société (qui décrit en général la réalité présente). La notion de société pose ensuite un problème sociologique : dans quelle mesure nos conduites individuelles sont-elles socialement déterminées ? La société permet-elle à l'individu de s'accomplir ? L'en empêche-t-elle ? Enfin, la notion débouche sur un problème politique : comment l'État, distingué de la société civile (en particulier depuis Hegel), peut-il résoudre les contradictions internes au corps social ?

EXEMPLES

L'arbre et la forêt

D'où vient qu'en forêt les arbres poussent hauts et droits alors qu'isolés, ils jettent leurs branches en désordre et ne s'élèvent guère ? De ce qu'en forêt, ils cherchent la lumière, luttent pour ne pas mourir étouffés sous l'ombre des autres arbres. Kant utilise cette image pour montrer qu'en dehors de la société, aucun progrès n'est possible. C'est « *l'insociable sociabilité des hommes* », leur penchant à vivre en société tout en y rechignant qui, selon « *un plan caché de la nature* », conduit l'espèce à progresser.

L'art de se moucher

Le sociologue Norbert Elias montre qu'une société se civilise à mesure que ses membres « *refoulent tout ce qu'ils ressentent en eux-mêmes comme relevant de leur nature animale* ». On ne se mouche plus dans ses doigts, ni dans les nappes comme au Moyen Âge, mais dans des mouchoirs en respectant un code établi (il est malséant de regarder dans son mouchoir après usage). Louis XIV possédait une belle collection de mouchoirs : souvent, les codes de bonne conduite viennent du haut de la pyramide sociale…

TROIS AUTEURS MAJEURS

ROUSSEAU

« L'homme originel s'évanouissant par degrés, **la société n'offre plus aux yeux du sage qu'un assemblage d'hommes artificiels et de passions factices** »

(Discours sur l'origine et les fondements de l'inégalité parmi les hommes)

DURKHEIM

« **Un fait social se reconnaît au pouvoir de coercition externe** qu'il exerce ou est susceptible d'exercer sur les individus »

(Les Règles de la méthode sociologique)

LÉVI-STRAUSS

« L'exclusive fatalité, l'unique tare qui puissent affliger un groupe humain et **l'empêcher de réaliser pleinement sa nature, c'est d'être seul** »

(Race et Histoire)

Dans son *Discours sur l'origine de l'inégalité,* Rousseau distingue l'homme à l'état de nature, qui vit seul, de l'homme à l'état civil, qui vit en société. Le changement d'état s'explique par un *« funeste hasard »*: le regroupement dû aux rudesses du climat et l'augmentation de la population générèrent le goût de la propriété foncière, origine de tous les malheurs de l'homme. Pourtant les premières sociétés constituent, pour Rousseau, l'âge d'or de l'humanité: l'homme naturel y a gagné la sociabilité mais n'y a pas encore perdu son autonomie. Le développement de l'amour-propre mettra fin à cet âge d'or…

Fondateur de la sociologie scientifique, Durkheim affirme qu'*« il faut considérer les faits sociaux comme des choses »*. La société crée les individus qui, sans conscience collective, seraient incapables de vivre ensemble. Cette prévalence de la société sur ses membres s'observe jusque dans l'étude du suicide. Acte personnel par excellence, la tendance au suicide peut néanmoins s'expliquer sociologiquement: lorsque la conscience collective s'affaiblit (par exemple lorsqu'on n'appartient à aucune association religieuse, sportive…), le taux de suicide augmente.

L'anthropologue Lévi-Strauss rappelle que toute société a pour lien fondamental l'échange. Sont échangés les biens, les services, les messages… et les femmes. S'agissant des femmes, la règle observée dans toutes les sociétés est la prohibition de l'inceste: la *« structure élémentaire de la parenté »* requiert que l'épouse ne soit pas la sœur du mari. Cette loi d'exogamie (les mariés doivent être issus de familles différentes) est universelle mais pas naturelle: elle est librement instituée. Toute société humaine est donc culturelle.

LA JUSTICE ET LE DROIT

LA POLITIQUE

DÉFINITION

Si, étymologiquement, la justice et le droit sont très proches (*jus, juris,* qui donnent l'adjectif « juridique »), la justice est aussi une catégorie morale et même, chez les anciens, une vertu. Nous pouvons tous être révoltés devant une situation d'injustice : la justice est aussi un sentiment. Cette unanimité se perd cependant quand nous passons de la morale (ou de la justice) au droit, car les règles sont alors variables suivant les pays : il y a donc un écart entre ce qui est légitime (qui relève du droit naturel) et ce qui est légal (qui dépend du droit positif, le droit écrit, « posé » dans une constitution). Idéalement, cet écart devrait être nul dans un État de droit, avec une constitution fondée sur les droits de l'homme imprescriptibles (on ne peut pas les donner) et inaliénables (on ne peut pas les enlever). La justice sociale consiste à rendre à chacun ce qui est le sien (selon son mérite ou selon ses besoins) et la justice pénale, par l'intervention d'un tiers (le juge), à mettre un terme à la vengeance.

EXEMPLES

L'anneau de Gygès

Dans le livre de Platon *La République*, Glaucon raconte l'histoire du berger Gygès qui, ayant trouvé un anneau magique capable de le rendre invisible, en abuse pour séduire la reine de Lydie et tuer le roi pour prendre sa place. Glaucon croit que chacun agirait comme Gygès s'il possédait cet anneau. La justice n'est alors que le résultat du regard des autres : nous la respectons par peur d'être blâmés, mais si l'impunité était garantie, nous n'hésiterions pas à être injustes. Socrate conteste cette réduction de la justice à l'hypocrisie sociale et y voit une vertu cardinale conditionnant l'équilibre de l'âme et de la cité.

Les droits du fantôme

L'homme politique et philosophe anglais Edmund Burke écrit dès 1789 ses *Réflexions sur la révolution de France* pour empêcher les idées révolutionnaires de contaminer l'Angleterre. Il y critique les droits de l'homme, *« vrais métaphysiquement* [mais] *faux politiquement et moralement »*, parce qu'ils ignorent la complexité humaine. S'adressant à l'homme générique et non pas à l'homme national, ils ne concernent finalement qu'un fantôme : l'homme des droits de l'homme n'existe pas !

TROIS AUTEURS MAJEURS

ARISTOTE

« Le juste et l'équitable sont identiques et quoique tous deux soient désirables, l'équitable est cependant préférable »

(Éthique à Nicomaque)

GROTIUS

« La loi nous oblige à faire ce qui est dit et non ce qui est juste »

(Du droit de la guerre et de la paix)

RAWLS

« La justice est la vertu absolument première des institutions sociales »

(Théorie de la justice)

Aristote propose de distinguer la justice distributive des honneurs et des richesses (qui doit être proportionnée au mérite) et la justice commutative (qui préside aux échanges économiques et repose sur un principe de stricte égalité). La justice n'est donc pas seulement une vertu morale, elle est aussi ce qui règle le droit. Conscient que la loi, du fait de sa généralité, peut être source d'injustice, il avance l'idée d'équité comme correctif de la loi : la justice requiert alors l'expérience d'un juge.

Ce juriste hollandais, contemporain de Descartes, montre dans *Du droit de la guerre et de la paix* comment le droit naturel peut fixer de manière immuable et rationnelle les critères d'une guerre juste, condition d'une paix durable. Il faut, par exemple, qu'une guerre soit officiellement déclarée au nom de motifs légitimes ; qu'elle s'achève par un traité de paix officialisant le retour du droit entre les belligérants ; que, pendant la guerre, des règles soient respectées (comme ne pas tuer les prisonniers). Bref, c'est en encadrant juridiquement la violence collective qu'on la réduit.

Auteur de *Théorie de la justice*, l'Américain John Rawls propose un modèle de justice adapté au pluralisme des démocraties modernes. Pour qu'une société soit juste, il faut que ceux qui décident de son fonctionnement ignorent la place qu'ils occuperont dans cette société. Dès lors, ils accorderont deux principes : que tous les postes soient en droit accessibles pour tous (principe d'égalité) ; que les inégalités profitent aussi toujours aux plus défavorisés (principe de différence). Ainsi, la justice admet l'inégalité (il est nécessaire de récompenser le mérite) mais refuse le sacrifice (qui finirait par fracturer la société).

LA LIBERTÉ

LA MORALE

DÉFINITION

La liberté est d'abord une notion métaphysique: l'homme est-il libre ou déterminé par des contraintes qu'il ne maîtrise pas? S'il est la cause première de ses choix, on dit qu'il possède un libre arbitre. Mais un tel pouvoir est difficilement démontrable. C'est ensuite une notion morale. Pour Kant, la liberté, ne pouvant être démontrée, doit être postulée afin que la morale soit possible. En effet, seul un être libre peut choisir entre le Bien et le Mal: pour devoir, il faut d'abord pouvoir. Réciproquement, selon Kant, seul un être moral peut être libre: la liberté est alors synonyme d'autonomie. *A contrario,* celui qui veut jouir sans contrainte morale est appelé libertin. C'est enfin une notion politique. On oppose ici le citoyen libre à l'esclave. Lorsque l'État exerce peu de contraintes sur l'individu, on parle d'un État libéral. Si l'individu estime que les lois sont trop contraignantes et tuent sa liberté (qu'elles sont liberticides), il lui arrive de contester l'État sous toutes ses formes. Un tel individu est dit libertaire ou anarchiste.

EXEMPLES

L'âne de Buridan

Que se passe-t-il si l'on place un âne à équidistance d'un seau d'eau et d'un sac d'avoine? Le philosophe médiéval Buridan répond que l'âne ne bougera pas et mourra de faim et de soif. Pourquoi? Parce que les motifs de son action possible s'annulent mutuellement. Tel n'est pas le cas de l'homme qui, en l'absence de motif décisif, peut encore se décider à agir grâce à une force qui n'a pas besoin d'autre cause qu'elle-même: le libre arbitre. Seul l'homme possède le libre arbitre: il est bien l'image de Dieu et échappe ainsi au règne animal.

Le charbon ardent de Balzac

Dans le roman *Les Chouans* (1829), Balzac décrit la scène suivante: pour prouver son amour à Marie de Verneuil, le marquis de Montauran n'hésite pas à tenir un charbon ardent tout le long de sa déclaration. Cet acte illustre bien la théorie de Maine de Biran sur le sentiment de l'effort volontaire comme preuve de la liberté. C'est lorsque nous résistons à notre corps qui nous commande un mouvement réflexe (ici pour éviter une brûlure), que nous expérimentons notre liberté. Le courage manifesté par le marquis de Montauran témoigne d'un engagement libre et indéfectible.

TROIS AUTEURS MAJEURS

SPINOZA

« **Les hommes se croient libres** pour cette seule cause qu'ils sont conscients de leurs actions et ignorants des causes par où ils sont déterminés »

(Éthique)

MONTESQUIEU

« Dans les démocraties, le peuple paraît faire ce qu'il veut : **mais la liberté politique ne consiste point à faire ce que l'on veut** »

(De l'esprit des lois)

SARTRE

« Si vraiment l'existence précède l'essence, **l'homme est responsable de ce qu'il est** »

(L'existentialisme est un humanisme)

Spinoza conteste l'idée que l'homme possède un pouvoir grâce auquel il échapperait aux lois de la Nature : l'homme n'est pas *« un empire dans un empire »*. Mais s'il n'a pas de *« libre arbitre »*, sa liberté réside dans la connaissance de la nécessité : dans l'accès aux idées adéquates par rapport au monde. Est libre celui qui agit conformément à sa nature. Notre puissance d'agir, élevée à son maximum – réglée, donc, par la raison – est ce qui constitue notre liberté.

Penseur libéral, Montesquieu est le défenseur de la séparation des pouvoirs car là où l'exécutif, le législatif et le judiciaire sont concentrés dans la même main, règne *« un affreux despotisme »*. Pourtant, l'auteur de *L'Esprit des lois* ne croit pas à un régime de pure liberté car *« la liberté même a paru insupportable à des peuples qui n'étaient pas accoutumés à en jouir. C'est ainsi qu'un air pur est quelquefois nuisible à ceux qui ont vécu dans un pays marécageux »*. Jugeant qu'*« il n'y a rien de plus insolent que le peuple »*, Montesquieu veut pour la France, non pas une république, mais une monarchie parlementaire.

Pour l'existentialisme *« l'homme est condamné à être libre »*. Il ne peut pas ne pas choisir : refuser de choisir, c'est choisir de ne pas choisir. Seul être pour qui *« l'existence précède l'essence »*, l'homme n'est donc que ce qu'il se fait être : il est le produit de ses choix. Certes, compagnon de route du marxisme, Sartre ne nie pas que l'homme subit de fortes déterminations historiques, qu'il naît *« en situation »*. Mais il estime que chaque homme peut toujours s'arracher à la situation qu'il n'a pas choisie.

LE DEVOIR

LA MORALE

DÉFINITION

Que dois-je faire ? Cette question introduit à la morale et au droit. Le devoir désigne l'obligation à l'égard de ce qu'il faut faire ou ne pas faire. Il se réfère au Bien (morale) ou à la Loi (droit), suppose une règle et s'adresse à la liberté de l'individu – sans quoi le devoir se confondrait avec la nécessité, à laquelle on ne peut échapper. La morale traite des contraintes intérieures à la personne ; elle laisse au droit l'étude des obligations extérieures, comme les devoirs civiques. L'éthique (ou morale) qui soutient qu'il y a des obligations inconditionnelles est dite « déontologique » (du grec *deonta* qui signifie « les devoirs »). Elle s'oppose à l'éthique « conséquentialiste » qui juge qu'une action est morale seulement si ses effets sur autrui sont bons. On appelle « éthique minimale » la morale qui estime qu'il n'y a de devoirs qu'à l'égard des autres (pas à l'égard de soi), et donc que le suicide, par exemple, n'est pas une faute morale.

EXEMPLES

Les dix commandements

Le philosophe et théologien Martin Buber interprète l'épisode où Dieu donne à Moïse le Décalogue comme une étape nécessaire sur le chemin qui mène le peuple juif de la libération du pays d'Égypte jusqu'à la Terre promise. Les dix commandements sont autant de règles permettant aux Hébreux de structurer leur liberté et d'acquérir leur identité. Ainsi, le cinquième commandement qui oblige à chômer le septième jour et à honorer ses parents donne à la communauté sa cohésion selon le temps, tandis que l'interdiction de convoiter le bien d'autrui (dixième Loi) l'organise selon l'espace. Respecter le devoir, c'est alors – enfin – être pleinement humain.

Le choix du jumeau

Y a-t-il des situations où il est impossible de savoir ce qu'on doit faire ? Le philosophe anglais Bernard Williams imagine le cas tragique d'un médecin qui, lors de l'accouchement d'une femme qui attend des jumeaux, ne pourrait sauver qu'un seul des deux enfants. Aucun critère rationnel ne lui permet de motiver son choix car la vie de l'un vaut autant que celle de l'autre : les deux obligations sont équivalentes – le dilemme moral est insoluble.

TROIS AUTEURS MAJEURS

CICÉRON

« **Quand les circonstances changent,** le devoir change lui aussi »
(Traité des devoirs)

KANT

« **La majesté du devoir n'a rien à faire avec la jouissance de la vie ;** elle a sa loi propre, elle a son tribunal particulier »
(Critique de la raison pratique)

MILL

« **Il faut rendre la vertu** attrayante »
(L'Utilitarisme)

Pour ce stoïcien romain, le premier devoir de tout homme est de se conserver soi-même. La sagesse consiste donc d'abord à respecter en nous notre nature. Mais comme l'homme vit en société, il doit adapter ce souci de soi avec son rapport aux autres. C'est pourquoi Cicéron écrit un *Traité des devoirs* dans lequel il décrit les conduites convenables pour bien vivre en société tout en étant vertueux. Cette morale « moyenne », qui consiste par exemple à ne pas tenir une promesse arrachée par crainte ou par surprise, tient compte des circonstances dans l'énonciation des devoirs.

Représentant par excellence de l'« éthique déontologique », Kant estime qu'on peut déduire ses devoirs de la seule raison pratique. Il y a des impératifs qui sont catégoriques parce qu'ils ne dépendent pas des circonstances mais de ce que nous dicte la raison. Celle-ci trouve dans la forme de la loi (l'universalité) le contenu de ce qu'elle prescrit : il faut agir en élevant à l'universel la maxime de notre action. Ainsi, par exemple, j'ai le devoir de tenir mes promesses parce que je ne veux pas être trahi moi-même. Pour Kant, la raison étant en chaque homme, nous savons toujours où est notre devoir.

Ce philosophe anglais, représentant du courant utilitariste, réduit nos devoirs au strict minimum. Le seul critère de l'action droite est ici de ne pas nuire à autrui. Mais, dans ces conditions, comment réagir lorsqu'on voit quelqu'un se noyer ? John Stuart Mill répond qu'on ne peut incriminer celui qui n'agit pas. Et si celui qui agit le fait par intérêt (par exemple, pour l'argent que lui donnera le rescapé ou dans l'espoir de voir son nom dans le journal), son action sera moralement bonne : la morale ne se juge pas sur les intentions mais sur les conséquences de nos actions.

LE BONHEUR

LA MORALE

DÉFINITION

Le bonheur est un état de satisfaction durable et complet. Il ne se réduit donc pas au plaisir qui est toujours bref et partiel. Mais si chacun connaît des moments de plaisir, tous n'atteignent pas le bonheur. D'autant qu'être heureux peut dépendre de la bonne fortune (sens premier du mot « bon-heur ») et pas seulement du mérite de celui qui cherche la félicité. C'est pourquoi le bonheur est davantage un idéal qu'une réalité. On appelle eudémonisme la doctrine qui considère que la quête du bonheur est le but des actions humaines et hédonisme celle qui vise le simple plaisir. Le bonheur relève à la fois de la psychologie et de la morale. On peut en effet se satisfaire d'illusions et c'est pourquoi l'imagination est la faculté du bonheur. Mais le retour à la réalité, souvent vécu comme un cruel désenchantement, interroge la quête même du bonheur : n'est-elle pas irresponsable, égoïste, immorale ?

EXEMPLES

Le mythe de l'androgyne

Lors d'un banquet bien arrosé où Socrate discute avec ses amis de la meilleure définition de l'amour, Aristophane (célèbre auteur antique de comédies) raconte le mythe de l'androgyne : l'homme avait à l'origine quatre jambes et quatre bras mais à cause de son orgueil, il fut divisé en deux par les dieux. L'homme n'est certes pas devenu manchot et unijambiste, mais il a la nostalgie de sa moitié perdue qu'il cherche désespérément. Quand il la trouve, il ne la quitte plus : l'amour permet donc d'atteindre le comble du bonheur, ce sentiment d'une unité retrouvée.

L'expérience de l'homme drogué à vie

Le philosophe allemand Robert Spaemann imagine dans ses *Notions fondamentales de morale* l'expérience suivante : on place un homme sur une table et, après l'avoir endormi, on lui injecte dans le cerveau une substance chimique à dose régulière afin de lui procurer un sentiment d'extase permanent. Au bout de plusieurs décennies, quand son corps est trop vieux, on l'euthanasie. Qui veut faire l'expérience ? Personne bien sûr ! Refus révélateur : nous savons tous que le bonheur ne se confond pas avec un état continu de jouissance.

TROIS AUTEURS MAJEURS

ARISTOTE

« Le bonheur d'une vie ne s'apprécie qu'au soir d'une vie »

(Éthique à Nicomaque)

ÉPICURE

« L'être bienheureux et incorruptible n'a pas lui-même de soucis et n'en cause pas à autrui »

(Maximes)

BENTHAM

« Il est de l'intérêt du loup que les moutons soient gras et nombreux »

(Principes de la morale et de la législation)

Le bonheur est le propre de l'homme (car il ne peut être atteint que par un être rationnel) et il est la fin ultime de son action (car il se suffit à lui-même). Pourtant, le bonheur ne dépend pas seulement de la raison. En effet, selon Aristote, on ne peut pas être vraiment heureux si on est laid, pauvre ou ignorant. En outre, le bonheur ne peut être atteint qu'en fin de vie car *« une hirondelle ne fait pas le printemps » (Éthique à Nicomaque)*. Aussi, un enfant ne peut prétendre au bonheur car ses facultés ne sont pas pleinement épanouies. Aristote défend donc une conception très élitiste du bonheur : il est réservé au sage qui a réussi sa vie.

Dans sa *Lettre à Ménécée*, Épicure affirme qu'*« on peut atteindre le bonheur »*. Pour cela, il faut satisfaire exclusivement les désirs naturels et nécessaires et vivre dans l'instant présent. Mais attention : si l'épicurisme est bien un hédonisme, il ne se confond pas avec une quête effrénée de plaisirs. Le sage vise l'absence de trouble pour son âme (l'ataraxie) et l'absence de douleur pour son corps (l'aponie). Le bonheur est donc ce que l'on ressent quand on atteint un état d'équilibre.

Jeremy Bentham, penseur utilitariste, soutient dans son *Introduction aux principes de morale et de législation* (1789) que la tâche du législateur est d'assurer *« le plus grand bonheur du plus grand nombre »*. En effet, le bonheur individuel, bien qu'il soit la seule fin véritable des actions, ne peut être qu'éphémère s'il ne prend pas place dans une société qui garantit la sécurité des biens. Il faut donc privilégier le bonheur public en harmonisant les intérêts particuliers. Ce qui compte, c'est la plus grande somme de bonheur totalisé. Avec Bentham le bonheur, jugé quantifiable, est moins une affaire morale qu'économique.

LA CONSCIENCE

LE SUJET

DÉFINITION

La conscience désigne originellement un savoir partagé (*cum* : « avec » et *scire* : « savoir ») : c'est une connaissance qui accompagne celui qui pense. On distingue alors la conscience spontanée ou immédiate, tournée vers le monde extérieur, et la conscience réfléchie où le moi fait retour sur lui-même. Avec les philosophies modernes de la conscience (ou du sujet), qui naissent au XVIIe siècle avec Descartes, le savoir sera désormais recentré sur l'homme, ses facultés de penser, sa quête d'identité. La conscience a aussi un sens moral : elle est alors ce par quoi le sujet peut distinguer le Bien et le Mal. On dira par exemple qu'on agit en conscience ou alors qu'on a mauvaise conscience suite à une faute commise. La source de cette conscience morale peut être le cœur (chez Rousseau) ou la raison (Kant). La conscience collective désigne la conscience du groupe qui déborde la somme des consciences individuelles.

EXEMPLES

Le prince et le savetier

Le philosophe anglais John Locke pose l'énigme suivante : si l'on transplante la mémoire d'un prince dans le corps d'un savetier, reste-t-il le prince qu'il se souvient avoir été ou devient-il le savetier observé par les autres ? Il s'agit là de la première formulation du problème de l'identité. Pour Locke, *« la conscience fait l'identité personnelle »*. Autrement dit, l'identité s'étend jusqu'aux limites de ma mémoire, mais pas au-delà. L'identité réelle ne dépend pas pour l'empiriste anglais d'une *« substance »* mais du seul témoignage de ma conscience, c'est-à-dire de l'expérience invérifiable que j'ai de moi-même.

Les coups de l'horloge

Quand l'horloge sonne l'heure, comment peut-on ne pas se tromper sur l'heure annoncée ? Bergson prend cet exemple pour contester le dogme de l'instantanéité de la conscience : si celle-ci n'était attentive qu'à chaque coup sonné, si elle ne s'éveillait que de manière discontinue, elle ne pourrait pas décompter le nombre de sons entendus et elle serait alors incapable de dire l'heure. Il faut donc qu'elle retienne à chaque nouveau coup ceux qui l'ont précédés afin d'en assurer l'addition. C'est pourquoi Bergson affirme dans son *Essai sur les données immédiates de la conscience* que *« la conscience est mémoire »*.

TROIS AUTEURS MAJEURS

MONTAIGNE

« L'homme n'est pas plus instruit de la connaissance de soi en la partie corporelle que spirituelle »
(Essais)

DESCARTES

« Il n'y a rien qui me soit plus facile à connaître que mon esprit »
(Méditations métaphysiques)

HUSSERL

« La conscience et son objet forment une unité individuelle uniquement constituée par des vécus »
(Idées directrices pour une phénoménologie)

Dans ses *Essais,* Montaigne explique qu'il est lui-même la matière de son livre, sa *« substantifique moelle »* et que son projet est d'expérimenter en lui *« l'humaine condition ». « Je me goûte », « je me love en moi-même »* aime à dire Montaigne. Chez lui, la conscience de soi passe par le plaisir d'un travail introspectif joyeux. Plutôt que de se plaindre de ses propres imperfections, le sujet qui médite sur lui-même doit apprendre à en rire. *« Il faut savoir qu'on est un sot! »* n'hésite pas à écrire Montaigne pour qui l'autodérision est encore la meilleure façon de se connaître soi-même.

Si Descartes n'utilise pas le mot « conscience », c'est bien à elle qu'il se réfère pour fonder sa philosophie du sujet. Cherchant dans ses *Méditations métaphysiques* une première vérité, il la trouve dans la certitude que ma seule pensée suffit à prouver mon existence. Le célèbre cogito (*« Je pense donc je suis »*) désigne cette intuition par laquelle je sais que je suis: la conscience de soi, notamment parce qu'elle ne passe pas par la médiation du corps, n'est pas une illusion mais une vérité indubitable. Elle révèle la dimension métaphysique de l'homme qui est d'abord *« une chose qui pense ».*

« Toute conscience est conscience de quelque chose », dit Husserl, le père de la phénoménologie. Cela signifie que la conscience n'est pas une substance mais un flux intentionnel, une visée. Elle est ce par quoi nous visons un objet. Réciproquement, tout objet est objet pour une conscience. Mais cela ne veut pas dire que l'objet visé n'a pas d'essence, qu'il n'existe que par moi. La phénoménologie n'est pas incompatible avec la reconnaissance de l'essence des choses.

L'INCONSCIENT

LE SUJET

DÉFINITION

L'inconscient désigne négativement ce qui s'oppose à la conscience, ce qui en est dépourvu (comme l'état de sommeil) et positivement l'appareil psychique que décrit la psychanalyse, et qui serait la cause de la plupart de nos comportements. Serait alors remise en question toute la tradition du « je » transparent à lui-même, conscient, maître de ses actes. L'inconscient pose deux problèmes : celui de sa connaissance possible (connaître l'inconscient, n'est-ce pas le déformer pour le rendre conscient ?) et celui de son pouvoir (si l'inconscient détermine mes actes, la liberté n'est-elle pas une fiction ?). Les adversaires de la psychanalyse la critiquent comme pseudoscience et comme fatalisme. La découverte de l'inconscient a néanmoins permis de réhabiliter le corps et le désir dans l'exercice de l'intelligence, et fourni une clé d'interprétation nouvelle des phénomènes culturels comme l'art ou la religion.

EXEMPLES

La main de la femme séduite

Pour Sartre, nous ne coïncidons pas avec nous-mêmes et en jouons parfois jusqu'à nous duper. Une jeune femme a rendez-vous dans un café : tandis qu'elle discute, son prétendant lui prend la main. Laisser sa main, c'est consentir à devenir un objet de désir. La retirer, c'est risquer de n'être pas désirable. Elle *« abandonne sa main mais ne s'aperçoit pas qu'elle l'abandonne »* en parlant d'autre chose… Pour Sartre, il y a donc moins un inconscient qu'une conscience de mauvaise foi : une conscience qui *« ne veut pas voir »*.

Blanche-Neige

Dans sa *Psychanalyse des contes de fées,* Bettelheim montre que la lecture des contes de fées aide l'enfant à surmonter ses angoisses inconscientes. Lisons *Blanche-Neige* à une petite fille. Celle-ci, sans le savoir, y entendra de quoi résoudre son conflit œdipien : le conte lui enseignera que la jalousie qu'elle éprouve pour sa mère (ici projetée sur la Reine) est dangereuse, que son père (incarné par le chasseur qui abandonne Blanche-Neige dans la forêt) n'est pas forcément un protecteur et que le désir sexuel (symbolisé par la pomme empoisonnée) doit attendre…

TROIS AUTEURS MAJEURS

LEIBNIZ

« Nous pensons à quantité de choses à la fois, mais nous ne prenons garde qu'aux pensées qui sont les plus distinctes »

(Nouveaux essais sur l'entendement humain)

SCHOPENHAUER

« Ce qu'elle veut en général, la volonté ne le sait jamais »

(Le Monde comme volonté et comme représentation)

FREUD

« Le moi n'est pas maître dans sa propre maison »

(Introduction à la psychanalyse)

Pour Leibniz, la conscience procède par intégration de données inconscientes car *« les choses les plus remarquables sont composées de parties qui ne le sont pas »*. Il faut donc distinguer activité psychique et pensée consciente : il y a en moi des *« petites perceptions »* imperceptibles qui assurent la transition entre le non-conscient et le conscient. Je demeure donc le même en dépit des moments où je ne pense pas. Ainsi se trouve résolu le problème de la permanence de l'identité.

L'auteur du *Monde comme volonté et comme représentation* estime que l'homme ignore ce qui le pousse à agir : son caractère. Celui-ci est le moyen par lequel la nature s'incarne en nous et ruine notre liberté. Le caractère est en effet méconnu et toujours invariable : vouloir le changer est aussi *« chimérique que d'amener un chêne à produire des abricots »*. Mais que veut la nature en nous ? Sa propre reproduction. Schopenhauer appelle *« vouloir vivre »* ce mécanisme aveugle qui se sert de nos sentiments amoureux, et de notre désir sexuel, pour perpétuer l'espèce. Seule l'abstinence nous permettrait d'échapper à ce processus inconscient.

L'inventeur de la psychanalyse, Freud soutient le paradoxe qu'on peut saisir comment fonctionne l'inconscient. Sa méthode procède par l'analyse des rêves – *« la voie royale dans l'exploration de l'inconscient »*. S'y révèle ce que le patient a refoulé. Freud en déduit que l'appareil psychique comporte trois pôles : le ça (origine des pulsions), le surmoi (cause du refoulement) et le moi (gestionnaire des conflits inconscients). Mais il ne se veut pas fataliste : *« là où le ça était, le moi doit advenir »*.

AUTRUI

LE SUJET

DÉFINITION

Autrui désigne une autre conscience que la mienne. Cette notion a un sens plus restreint que l'autre, qui peut renvoyer à une chose, à un animal ou, avec une majuscule, à Dieu Lui-même. Liée à la philosophie de la conscience qui naît avec Descartes au XVIIe siècle, la question d'autrui intervient au moment où le sujet se demande comment il peut sortir de la solitude de la conscience (solipsisme) et connaître le monde par le biais de l'intersubjectivité – donc de la relation aux autres. Cette question devient une question morale dès lors que je refuse de faire d'autrui simplement un double de moi-même, un pur alter ego, ou de l'instrumentaliser. Il s'agit en effet de respecter une différence tout en communiquant avec elle, par exemple sur le mode de l'empathie. La question d'autrui intéresse aussi l'anthropologie qui enquête sur la pluralité des cultures et souligne leur irréductible altérité.

EXEMPLES

La déshumanisation de Robinson

Robinson est la figure type de l'homme condamné à la solitude. Dans *Vendredi ou les limbes du Pacifique*, Michel Tournier propose une relecture de ce personnage mythique. Il y décrit la déchéance de Robinson qui, d'abord, s'impose un code de loi comme s'il vivait en société, puis se conduit comme un animal et même se végétalise en fusionnant avec l'île (il fait l'amour à une fleur !) pour finalement se pétrifier : son dernier plaisir sera le moment où le soleil le « *baigne de ses rayons* ». L'homme, durablement privé de son semblable, finit par n'être plus un homme.

Les gargouillis de l'estomac du voisin

Que fait-on quand on entend les gargouillis de l'estomac du voisin ? On lui fait croire qu'on n'a rien entendu. Cette attitude illustre ce que Erving Goffman nomme les « *rites d'interaction* ». En société, nous voulons certes garder la face mais surtout préserver celle de l'autre. La sociologie des interactions explique ainsi que si nous faisons tout pour éviter l'embarras d'autrui (au point que nous nous excusons volontiers pour lui), c'est essentiellement par intérêt et non par politesse : on veut stabiliser le lien social pour ne pas être soi-même marginalisé, quitte à toujours jouer un rôle en présence d'autrui.

TROIS AUTEURS MAJEURS

HEGEL

« La conscience de soi n'est qu'en tant qu'être reconnu »

(La Phénoménologie de l'esprit)

SARTRE

« Autrui est d'abord pour moi l'être pour qui je suis objet »

(L'Être et le Néant)

LEVINAS

« Le visage se refuse à la possession, à mes pouvoirs »

(Totalité et Infini)

Autrui joue un rôle décisif dans le passage de la conscience immédiate à la conscience de soi. En effet, pour Hegel, je reste inconnu à moi-même tant que je ne suis pas reconnu *« par la médiation d'une autre conscience »*. En témoigne la célèbre dialectique du maître et de l'esclave : celui qui, pour se faire reconnaître, brave la peur de la mort, domine et esclavagise celui qui ne parvient pas à faire la preuve de sa liberté. Mais le maître devient dépendant du travail de l'esclave qui, à son tour, domine son autre et se fait reconnaître par lui. Ce jeu de reconnaissance réciproque est une étape nécessaire dans l'éveil de l'intelligence.

Sartre nomme *« pour-autrui »* cette structure de ma conscience qui fait que je suis envahi par autrui : je peux par exemple éprouver un sentiment de honte seul (si je regarde par le trou d'une serrure et me crois vu depuis le couloir, alors qu'il n'y a personne). Cette dimension *« pour autrui »*, qui porte atteinte à ma liberté, est donc d'abord négative : l'autre, c'est celui pour qui je suis un objet, celui qui peut me *« chosifier »* dès lors que je me fonds dans l'image qu'il a de moi. Alors, oui, *« l'enfer, c'est les autres »*. Mais ce peut aussi être le paradis s'il se fait une bonne image de moi…

Levinas fait d'autrui le point de départ de sa philosophie morale. Pour lui, le « tu » précède le « je ». C'est par autrui que je deviens une personne. Dès qu'un visage m'apparaît, il me demande de le respecter et, par là, me révèle ma possibilité de lui refuser cette demande. *« Autrui est le seul être que je peux vouloir tuer. »* C'est donc bien par l'autre – et en particulier par les plus faibles (l'enfant, le vieillard, si faciles à dominer…), que je découvre ma propre dimension morale.

LA PERCEPTION

LE SUJET

DÉFINITION

Rassurez-vous : il s'agit bien d'une notion philosophique, pas d'une intrusion du Trésor public dans votre programme. La perception désigne la fonction par laquelle nous nous formons une représentation sensible des objets extérieurs. Elle n'est pas la sensation (impression directe sur les sens), ni l'imagination (par laquelle nous [re]composons nos sensations). Dans la perception, la réceptivité d'un donné extérieur et l'activité mentale sont articulées l'une à l'autre. Expliquer comment n'est pas facile, notamment parce que l'interprétation et le langage jouent ici un rôle non négligeable : le sujet percevant a en effet son histoire et sa culture, qui affectent sa perception des choses. C'est pourquoi il n'y a probablement pas de « perception pure » ou objective. Attention : on parle d'aperception (mot inventé par Leibniz) pour désigner la conscience de soi, l'activité réflexive qui ne dépend pas des données extérieures issues de la sensation.

EXEMPLES

Le problème de Molyneux

Un aveugle de naissance qui retrouverait la vue saurait-il distinguer, sans les toucher, une sphère d'un cube ? Tel est le problème posé par le savant irlandais William Molyneux au philosophe anglais John Locke. Les empiristes répondent, comme Locke, que seule l'expérience permettrait à l'aveugle de distinguer les deux solides, et les idéalistes, comme Leibniz, qu'une connaissance bien maîtrisée des définitions de la sphère et du cube suffirait pour que l'aveugle guéri les distingue sans les toucher. L'origine de la perception est donc controversée.

La Sonate à Kreutzer

Cette nouvelle de Tolstoï raconte l'histoire d'un drame de la jalousie : Pozdnychev tue sa femme, soupçonnée d'avoir une liaison avec le violoniste qu'elle accompagne au piano. Le crime a lieu au moment où les deux musiciens jouent le premier *presto* de *La Sonate à Kreutzer* de Beethoven. Le mari se sent ensorcelé par la musique qui exerce sur lui une action *« redoutable »*, qui *« exaspère »* son âme au lieu de *« l'élever ».* Ainsi la perception n'est-elle pas toujours sous le contrôle de la raison : elle peut être la source d'une dangereuse aliénation.

TROIS AUTEURS MAJEURS

ARISTOTE

« En l'absence de sensation, on ne pourrait apprendre ou comprendre quoi que ce soit »
(De l'âme)

BERKELEY

« Qu'une idée existe dans une chose non percevante, c'est contradiction manifeste : car c'est la même chose qu'avoir une idée et percevoir »
(Principes de la connaissance humaine)

MERLEAU-PONTY

« Regarder un objet, c'est venir l'habiter »
(Phénoménologie de la perception)

Dans son traité *De l'âme,* Aristote pose la question de la perception en se demandant comment les sensations peuvent être liées entre elles. Il part du constat qu'il y a des *« sensibles propres »* (la couleur n'est sentie que par un seul sens, la vue) et des *« sensibles communs »* (le mouvement, par exemple, peut être simultanément perçu par la vue et le toucher). Y a-t-il une faculté propre – un sixième sens par exemple – pour saisir synthétiquement les sensibles communs ? Aristote rejettera l'hypothèse d'un sixième sens et évoquera, pour éclairer l'énigme de la perception, un *« sens commun »*.

Pour ce philosophe (et évêque) irlandais radical, *« être, c'est être perçu »* : les choses n'ont d'existence que par et dans la perception. Cela signifie qu'il n'y a rien derrière ce que nous percevons : si nous ôtons à la cerise toutes ses qualités perceptibles (forme, couleur, saveur…), il ne restera rien, pas même son noyau. Berkeley va jusqu'à nier l'existence de la matière (sa doctrine est *« immatérialiste »*), qui n'est donc pour lui qu'un abus de langage. Est-ce à dire que ce qui n'est pas perçu n'existe pas ? Non : ce que nous découvrons existe… dans la perception que Dieu en a.

Auteur d'une *Phénoménologie de la perception,* Merleau-Ponty veut réhabiliter le rôle du corps dans l'exercice de l'intelligence. Refusant le dualisme cartésien, il montre que la conscience est non seulement incarnée mais aussi tributaire d'une pensée *« pré-réflexive »* issue du corps. La perception est *« le fond sur lequel tous les actes se détachent et elle est présupposée par eux »*. Le corps est tout autant la limite de mon être que celle du monde : c'est par lui que le monde m'est donné. La perception, peu distinguée ici de la sensation, est donc ouverture au monde.

LE DÉSIR

LE SUJET

DÉFINITION

Le désir est souvent conçu comme l'expression d'un manque. Le mot vient d'ailleurs du langage des oracles où il désigne l'absence d'une étoile (*siderius*) dans le ciel. On distingue le désir du besoin (qui appelle une satisfaction urgente) et du souhait (dont la réalisation est souvent utopique). Lorsque le désir est si intense qu'il devient exclusif, on parle de passion. Inversement, l'absence de désir signale un manque de force (asthénie), de goût (apathie). Deux disciplines s'intéressent particulièrement au désir : la psychanalyse qui le rapproche de la pulsion, et la morale qui s'interroge sur la possibilité de contrôler les désirs. Ainsi Épicure distingue-t-il les désirs sains (naturels et nécessaires) et les désirs que doit fuir le sage (plaisirs du corps, quête des richesses, de la gloire…). L'attitude qui vise à annihiler les désirs, nommée ascétisme (de *askesis* : « exercice »), est peu valorisée par la philosophie (sauf dans le stoïcisme) parce qu'elle engendre souvent des frustrations qui peuvent conduire à la névrose ou à la perversion.

EXEMPLES

Les hésitations d'Hamlet

Dans *Hamlet*, Shakespeare brosse le portrait d'un héros « *aboulique* » : maladivement indécis. Le prince Hamlet est en effet tiraillé entre deux désirs : venger son père, peut-être lâchement assassiné par son oncle Claudius, ou ne rien faire. C'est que celui qui lui commande cette vengeance est le spectre même de son père. Comment croire un spectre ? Mais s'il a raison, comment laisser régner un lâche usurpateur ? Incapable de choisir, Hamlet est tenté par le suicide. Mais là encore, entre « *être ou ne pas être* », quel est le bon choix ? Difficile existence confrontée à des désirs contraires…

La jalousie d'Ajax

Homère raconte dans l'*Odyssée* que, lors du dialogue aux Enfers, Ajax refuse de parler à Ulysse. Il ne lui pardonne pas d'avoir pris les armes d'Achille et, trompé par Athéna, d'avoir connu la honte au point d'être poussé au suicide. Cette relation tragique entre deux héros grecs illustre la dimension mimétique du désir telle que l'analysera René Girard. Nous ne désirons pas un objet pour lui-même mais parce qu'il est désiré par d'autres. Ce que le désir imite est donc le désir de l'autre. Et ce mimétisme engendre rivalité et violence.

TROIS AUTEURS MAJEURS

SAINT AUGUSTIN

« Arrachez-moi à toute tentation. Ce n'est pas l'impureté des nourritures que je crains, **c'est l'impureté de la convoitise** »

(Confessions)

SPINOZA

« **Nous jugeons qu'une chose est bonne** parce que nous faisons effort vers elle, que nous la voulons et tendons vers elle par appétit et désir »

(Éthique)

SCHOPENHAUER

« **Nous voyons le désir partout arrêté,** partout en lutte, donc toujours à l'état de souffrance »

(Le Monde comme volonté et comme représentation)

Après avoir mené une vie de plaisirs, saint Augustin se convertit au christianisme et mène une existence austere tournée vers Dieu. Dans les *Confessions*, où il raconte sa conversion, il consacre un chapitre à l'intempérance. Il y soutient qu'il est impossible de distinguer ce que nous faisons par besoin de ce qui est fait par désir et cette incertitude nous ravit car *« sous le voile de l'hygiène, elle cache les intérêts du plaisir »*. Ainsi, après un effort intense, on peut boire de l'eau avec délectation tout en le faisant au nom de la santé. Il faut donc se méfier du désir car son objet est ambivalent.

Pour Spinoza, le désir ne provient pas d'un manque. Il est premier par rapport à son objet. Ce qui veut dire qu'une chose est jugée bonne non pas parce qu'on la désire, mais c'est parce qu'on la désire qu'elle est jugée bonne. Mais alors d'où vient le désir s'il n'est pas l'expression d'un manque ? Spinoza répond : de l'être lui-même car *« toute chose, autant qu'il est en elle, s'efforce de persévérer dans son être »* (théorie dite du *conatus* qui signifie « effort »). Le désir est donc pour Spinoza l'essence de l'homme.

Schopenhauer voit dans le désir le malheur de l'homme : tant qu'il n'est pas satisfait, il est vécu sur le mode de la souffrance mais, une fois réalisé, il lasse et engendre un autre désir. Pessimiste, Schopenhauer n'hésite pas à affirmer que *« la vie oscille, comme un pendule, de droite à gauche, de la souffrance à l'ennui »*, étant entendu que l'ennui n'est pas la mort du désir mais le moment où il se recharge et se déplace vers un autre objet : l'ennui est le désir de désirer à nouveau. Et de sentir qu'on ne sera jamais vraiment satisfait.

L'EXISTENCE ET LE TEMPS

LE SUJET

DÉFINITION

L'existence, c'est le fait d'être. Elle se distingue de l'essence qui désigne ce qu'une chose est. À l'exception de Dieu dont l'existence est éternelle, le propre de l'existence est d'être finie, limitée dans le temps. L'existence s'oppose alors à la mort. Le temps, lui, désigne une période qui s'écoule entre deux événements. Il se caractérise par le changement (et c'est pourquoi Platon le définit comme une *« image mobile de l'éternité »*) et l'irréversibilité (on ne peut pas remonter le temps sauf dans la fiction, par exemple celle de *La Machine à explorer le temps* de H. G. Wells). Le fait, pour l'homme, de savoir que son existence est finie l'invite à méditer sur le sens de l'existence. Les philosophies qui centrent leur réflexion sur l'existence sont dites existentialistes. L'existentialisme chrétien (Pascal, Kierkegaard…) voit dans le tragique d'une existence perçue comme finie l'occasion d'une conversion à Dieu. L'existentialisme athée (Sartre) estime que la finitude n'est pas un obstacle à la liberté et que l'homme construit peu à peu son essence par ses choix et ses actes.

EXEMPLES

Le mythe de Sisyphe

Parce qu'il a offensé les dieux, Sisyphe est condamné à rouler un rocher jusqu'au sommet d'une montagne, d'où la pierre retombe de son propre poids. Ce châtiment rend le travail de Sisyphe nécessairement inachevé, éternellement recommencé, vain. Mais c'est justement cette absence de sens qui intéresse Camus : Sisyphe est le *« héros absurde »* par excellence. Car, au moment où il redescend la montagne, Sisyphe pense : il contemple son tourment et, par là, surmonte son destin. L'existence est absurde mais le savoir est un gage de bonheur : *« il faut imaginer Sisyphe heureux ».*

Funès, l'hypermnésique

« Funès ou la mémoire » est une nouvelle de l'Argentin Jorge Luis Borges qui raconte l'histoire d'un homme atteint d'hypermnésie : Funès, paysan infirme, mémorise tout. Il peut se souvenir de toutes les feuilles tombées d'un arbre comme du moment où il les a vues tomber. Mais cette mémoire intégrale s'avère inutile. Cherchant à réduire ses souvenirs à 70000 par jour, Funès n'en finit jamais de les classer, devient insomniaque et meurt, épuisé, dans son lit. Pour penser, il faut abstraire. Pour vivre, il faut pouvoir oublier.

TROIS AUTEURS MAJEURS

SAINT AUGUSTIN

« Ni les choses futures, ni les choses passées ne sont »
(Confessions)

KANT

« Le temps est la condition formelle *a priori* de tous les phénomènes en général »
(Critique de la raison pure)

BERGSON

« Le temps ne prendra jamais pour notre conscience l'aspect d'un milieu homogène »
(Essai sur les données immédiates de la conscience)

Au livre XI de ses *Confessions,* saint Augustin conteste l'opinion commune qui veut que le temps soit divisible en trois dimensions : le passé, le présent et le futur. Le passé n'est plus ; le futur n'est pas encore ; le présent fuit sans cesse et semble insaisissable. Mais il y a bien un vécu correspondant à ces trois temporalités : un présent du passé qui est la mémoire, un présent du présent qui est la vision directe, et un présent du futur qui est l'attente. Le temps se vit donc toujours au présent et subjectivement.

Dans la *Critique de la raison pure,* Kant montre que le temps *« n'est pas quelque chose qui existe en soi »* mais la forme *a priori* (qui précède l'expérience) de notre perception. Le temps sert de cadre à l'apparition possible des phénomènes. Avec l'espace, le temps conditionne donc l'expérience par laquelle nous accédons au monde extérieur. Pour Kant, tout se passe donc dans le temps mais le temps, lui, ne passe pas.

Pour Bergson, notre approche du temps est en général erronée. C'est que nous avons tendance à le découper comme nous le faisons pour l'espace. Or, l'expérience pure de la temporalité nous montre qu'il n'y a pas de discontinuité entre le présent, le passé et l'avenir. Le temps est bien un changement mais un changement continu : la durée réelle se vit de manière intensive et subjective. Aussi, seule l'intuition peut appréhender vraiment le temps, et l'appréhender comme « durée ». La durée, subjective, n'est pas le temps, objectif. Lorsque vous vous ennuyez, cinq minutes durent deux heures. Lorsque vous êtes passionnés, deux secondes. C'est cela, la durée bergsonienne.

LE LANGAGE

LA CULTURE

DÉFINITION

Qu'est-ce que le langage? Objet de la linguistique, le langage peut d'abord être étudié comme un système de signes qui associe des mots (puisés dans un lexique) selon des règles grammaticales précises (établies par une syntaxe). On s'intéresse aussi aux fonctions du langage: essentiellement penser et communiquer. Lorsqu'il vise à persuader, il met en jeu des techniques oratoires codifiées par la rhétorique. Les linguistes distinguent la fonction simplement descriptive du langage de sa fonction pragmatique: la parole vaut alors pour action (dire « oui » à un mariage, c'est se marier). Enfin, on a coutume de dire que le langagc cst lc propre de l'homme et on cherche alors, d'une part, à le séparer du langage animal (par exemple celui du perroquet ou des abeilles) en insistant sur sa capacité créatrice ; d'autre part, à l'améliorer jusqu'à imaginer, comme Leibniz, une langue universelle.

EXEMPLES

L'injure comme stratagème

L'injure, c'est ce qu'on n'a pas le droit de dire. Dans *L'Art d'avoir toujours raison,* Schopenhauer montre pourtant qu'elle peut se révéler très utile. Lorsque, dans un débat, l'adversaire semble l'emporter, il ne faut pas hésiter à recourir à un *« ultime stratagème »* : l'injure. En insultant son adversaire sur ce qu'il est et non sur ce qu'il dit, on le déstabilise et on se donne alors les moyens de reprendre l'avantage sur lui. Pour persuader, tout langage est bon et tant pis pour la morale !

La formule de Bartleby

« Bartleby » est une nouvelle d'Herman Melville qui se déroule chez un notaire à Wall Street. Bartleby, scribe consciencieux, décide un jour de refuser poliment son travail de copiste en donnant pour seul motif qu'il *« préférerait ne pas »* continuer à écrire. Cette réponse, inlassablement répétée, déstabilisera son patron au point de l'inciter à déménager et à laisser Bartleby seul. Le philosophe Gilles Deleuze estime que la formule *« je préférerais ne pas »,* parce qu'elle n'est ni affirmative ni négative, confronte au silence tout le langage et révèle par là sa capacité autodestructrice.

TROIS AUTEURS MAJEURS

SOCRATE

« Une fois écrit, tout discours circule partout, allant indifféremment de gens compétents à d'autres dont il n'est nullement l'affaire »
(Phèdre)

ROUSSEAU

« Pour rendre bientôt une langue froide et monotone il ne faut qu'établir des académies chez le peuple qui la parle »
(Essai sur l'origine des langues)

SAUSSURE

« La langue est un système de signes exprimant des idées »
(Cours de linguistique générale)

Pourquoi Socrate n'a-t-il rien écrit ? Pourquoi sa philosophie n'est-elle connue que par les dialogues de Platon et de Xénophon ? Parce qu'il pense que la vérité est *« dialogique »* : que c'est seulement par le dialogue qu'on peut philosopher. Ainsi Socrate condamne-t-il l'écriture parce qu'en fixant la pensée, elle ruine l'effort de la réflexion. La pensée, prise isolément, n'est d'ailleurs, comme le dit Socrate dans le *Théétète*, qu'un *« dialogue de l'âme avec elle-même »*.

Dans son *Essai sur l'origine des langues*, Rousseau se demande d'où procède la parole primitive qu'il distingue du simple cri naturel. Il soutient qu'elle n'est pas motivée par le besoin physique (qui éloigne plutôt les hommes les uns des autres) ou par la raison mais par les passions, comme l'amour ou la haine, qui unissent les membres de la communauté. Le chant passionné a donc dû précéder la parole articulée. *« Les premiers hommes furent poètes avant d'être géomètres »* et si le langage figuré a devancé le langage abstrait, c'est que le cœur a d'abord prévalu sur la raison.

Ce linguiste suisse a révolutionné la science de la langue par l'usage d'une méthode nouvelle : le structuralisme. Cette méthode saisit la langue comme un ensemble de rapports. Ainsi, le signe est l'association d'un signifié (par exemple le concept d'arbre) à un signifiant (le mot « arbre »). Cette association est arbitraire et conventionnelle, ce qui explique la pluralité des langues (le concept d'arbre se dit *« tree »* en anglais). Chaque combinaison de signes est différente des autres (en entendant « arbre », je n'entends pas « marbre ») et c'est cette différence qui permet de comprendre ce qui est dit.

L'ART

LA CULTURE

DÉFINITION

L'art désigne un ensemble de procédés visant un résultat pratique. Mais cette notion doit être vite distinguée de son acception technique au profit de son sens esthétique. L'art de l'ingénieur n'est pas celui de l'artiste qui s'adonne aux beaux-arts : arts désintéressés qui visent la beauté. On distingue, au sein des beaux-arts, les arts plastiques (architecture, sculpture, peinture) et les arts rythmiques (musique, danse, poésie). La modernité y ajoute un septième art : le cinéma. Le philosophe interroge souvent la création – l'art dépend-il de règles ou d'un génie créateur ? – ou la réception de l'art – y a-t-il une norme du goût ? L'œuvre d'art peut-elle élever l'âme ? La réflexion contemporaine bouscule cette approche : la laideur et le banal se donnent comme des catégories esthétiques et la question « qu'est-ce que l'art ? » cède souvent la place à « quand y a-t-il art ? ».

EXEMPLES

Un petit goût de fer et de cuir

Dans *Don Quichotte*, Cervantès raconte que les aïeux de Sancho s'y connaissaient en alcool. Appelés pour évaluer un vin, l'un le trouva bon malgré un petit goût de fer, l'autre aussi en dépit d'un petit goût de cuir. On se moqua d'eux. Quand on vida le fût d'où provenait le vin, on y trouva une vieille clé attachée à une lanière de cuir. Hume montre que le goût suppose la délicatesse. La norme du beau sera exprimée par des « *hommes de goût* » qui ont « *un sens fort, uni à un sentiment délicat, amélioré par la pratique, rendu parfait par la comparaison, et clarifié de tout préjugé* ».

La licorne de Lascaux

Il y a parmi les peintures des grottes de Lascaux (18 000 ans d'âge !) la représentation d'une sorte de licorne. Georges Bataille y voit, dans *Lascaux ou la naissance de l'art* (1955), « *une part de rêve qui ne correspond plus au désir d'une chasse heureuse* ». L'art ici l'emporte sur le rite, sur les incantations de chasseurs avides de tuer le gibier. Ainsi, l'homme de Lascaux, par sa vision stylisée de l'animal, nie le monde existant et manifeste le désir de faire naître ce qui n'existe pas : il laisse sur la pierre la première trace du génie créateur de l'homme.

TROIS AUTEURS MAJEURS

PLATON

« Si tu veux contrôler le peuple, commence par contrôler sa musique »

(République)

KANT

« Le beau est le symbole du bien moral »

(Critique de la faculté de juger)

HEGEL

« L'Art est ce qui révèle à la conscience la vérité sous forme sensible »

(Leçons d'esthétique)

Platon critique l'art en tant que copie – il vaut moins que son original – et en tant que discours enchanteur – il nous ment. L'art nous éloigne donc du Vrai et du Bien. Dans *Les Lois*, il recommande même de *« chasser les poètes de la cité »*. Mais s'il approuve la censure, il ne rejette pas tous les arts : formé à l'école de Pythagore qui trouva les lois de l'harmonie, il estime que la musique a une grande valeur pédagogique et qu'elle élève l'âme. Son maître Socrate n'eut d'ailleurs qu'un regret avant de mourir : celui de ne pas avoir été flûtiste !

Dans la *Critique de la faculté de juger*, Kant se demande comment respecter le goût de chacun tout en dégageant des critères du jugement de goût ? En définissant le Beau comme *« ce qui plaît universellement sans concept »*. On ne peut donc prescrire ses règles à l'art mais on peut expliquer pourquoi il procure un sentiment partagé : le Beau s'éprouve quand, par *« un libre jeu de nos facultés »*, l'imagination et l'entendement s'harmonisent, ce qui produit un sentiment de plaisir. Et ce sentiment est partagé parce que nous possédons tous ce *« sens commun »* qui lie notre sensibilité à celle d'autrui.

L'art est, pour Hegel, l'expression sensible de la vérité. La vérité étant historique, l'art ne se comprend qu'historiquement. Hegel distingue trois étapes historiques : l'*« art symbolique »* juxtapose forme et contenu (les pyramides comme écrin pour le tombeau des pharaons), l'*« art classique »* harmonise forme et contenu (le nez droit des statues grecques spiritualise le visage), l'*« art romantique »* fait prévaloir le contenu sur la forme (le regard en peinture exprime la profondeur de l'âme). Mais, à ce stade, la vérité déborde sa forme sensible : elle veut le concept, être pensée par la philosophie. C'est le sens de la *« mort de l'art »*.

LA RELIGION

LA CULTURE

DÉFINITION

La religion est un système de croyance qui repose sur deux liens : « vertical » – avec un ou des dieux – et « horizontal » – avec une communauté d'hommes de foi. Si vous êtes croyant, la religion dépendra pour vous d'une révélation, sans quoi elle se confondrait avec la superstition ou la magie. Alors que le sorcier invoque les esprits, l'homme religieux se dit convoqué par son Dieu. Aussi, bien que l'appartenance ou non à une religion dépende le plus souvent d'une tradition familiale, elle est en son principe le résultat d'une conversion. La religion s'adresse donc à la liberté de l'individu qu'elle prétend respecter – elle n'est donc pas une secte. La philosophie, qui tente d'évaluer quelle est la part de la raison dans ce choix, distingue alors la religion naturelle, qui concerne tous les hommes dans leur capacité à interroger le divin, et la religion révélée, qui s'adresse à une communauté de foi particulière. Quant au lien « horizontal », il intéresse davantage la sociologie : jusqu'à quel point l'institution religieuse produit-elle du lien social ?

EXEMPLES

Le sacrifice d'Isaac

Dans le premier livre de la Bible (la Genèse), Dieu promet à Abraham une longue descendance. Mais Sarah, sa femme, est stérile. Elle tombe pourtant enceinte et accouche d'Isaac. Plus tard, Dieu demande à Abraham de sacrifier son fils unique. Ce commandement semble absurde : il contredit la promesse de la descendance. Cependant, Abraham obéit : il immolerait Isaac, son propre fils, si un ange ne retenait son bras meurtrier. Kierkegaard, dans *Crainte et Tremblement,* déduit de cette histoire qu'Abraham est le modèle de l'homme de foi car il croit en dépit de sa raison ou plutôt : il croit *« en vertu de l'absurde ».*

Le forcené qui annonce la mort de Dieu

Dans *Ainsi parlait Zarathoustra,* Nietzsche invente l'histoire d'un forcené qui se promène en plein jour avec une lanterne allumée, en s'écriant : *« Je cherche Dieu. »* À ceux qui lui demandent par moquerie *« s'il l'a égaré »*, il explique alors que nous sommes tous les assassins de Dieu. Incompris, le forcené jette sa lanterne par dépit : il est arrivé trop tôt ; les hommes ne sont pas prêts à assumer la mort de Dieu, c'est-à-dire à créer leurs propres valeurs et à devenir des surhommes. Ce qui compte pour Nietzsche, ce n'est pas tant d'abattre des idoles que de *« briser l'idolâtre qui est en nous »* : il faut du courage pour surmonter le désir de Dieu.

TROIS AUTEURS MAJEURS

LEIBNIZ

« On peut appeler anthropomorphisme l'erreur de ceux qui minimisent la grandeur de Dieu et despotisme l'erreur de ceux qui ne tiennent pas compte de sa bonté »

(La Cause de Dieu)

FEUERBACH

« Pour enrichir Dieu, l'homme doit s'appauvrir ; pour que Dieu soit tout, l'homme doit n'être rien »

(L'Essence du christianisme)

WEBER

« Pour Luther, l'homme est tenu d'accepter sa besogne comme lui étant donnée par décret divin et il doit s'en accommoder »

(L'Éthique protestante et l'Esprit du capitalisme)

Leibniz, dans la *Théodicée,* veut justifier Dieu contre l'objection du mal : comment croire à un Dieu bienveillant et tout-puissant quand on voit le malheur partout ? Ou bien Dieu ne peut empêcher le mal, et alors il n'est pas tout-puissant, ou bien Dieu veut le Mal, et il n'est pas bienveillant. Leibniz répond que *« Dieu veut antécédemment le Bien et conséquemment le meilleur ».* Parmi une infinité de mondes possibles, Dieu ne fait exister que le meilleur. Tout autre monde serait moins harmonieux. Tout mal est un moindre mal : il n'y a donc pas de contradiction entre la bienveillance et la toute-puissance de Dieu.

Dans *L'Essence du christianisme,* Feuerbach, défenseur de l'athéisme, explique comment par un processus de projection, l'homme transfert toutes ses qualités à Dieu. C'est que l'homme, animal historique, ignore sa propre perfection et se crée donc un reflet parfait de lui-même (Dieu) pour comprendre qui il est. Mais il se perd dans cette projection. Feuerbach pense qu'il est temps pour l'homme d'accomplir *« le meurtre de Dieu »,* de reprendre ce qu'il a mis en Dieu. *« La religion n'est rien d'autre que la scission de l'homme avec lui-même. »*

Le sociologue Max Weber montre dans *L'Éthique protestante et l'Esprit du capitalisme* comment une croyance religieuse peut déterminer l'apparition d'une mentalité économique. Ainsi en va-t-il du calvinisme et du capitalisme qui ont en commun un rapport rationnel au travail : le croyant a pour devoir d'œuvrer à la gloire de Dieu sans jouir du produit de son activité. Or, produire sans consommer permet l'accumulation et donc le profit. C'est précisément ce que recherche le capitalisme.

L'HISTOIRE

LA CULTURE

DÉFINITION

On peut donner deux sens au mot histoire : ce que l'homme a vécu, et le récit qu'il en fait. En tant que récit, l'histoire suppose l'écriture, dont l'invention marque le passage de la préhistoire à l'histoire. Tournée vers le passé, elle se distingue du récit de l'actualité (objet du journalisme). On divise l'histoire en époques, séparées par un événement majeur, parfois dit *« époqual »* (la chute de Rome en 476 marquant le passage de l'Antiquité au Moyen Âge). L'histoire est le résultat d'une enquête *(historia)*. Mais dans son travail de mise en ordre des événements, l'historien se heurte au manque de documents et à sa tendance naturelle à juger les faits. D'une part, en effet, l'histoire est une connaissance par trace, qui n'est qu'un témoignage partiel. L'histoire est donc une science fragile qui doit combler les lacunes de ses sources. D'autre part, en tant qu'individu appartenant à l'histoire, l'historien est nécessairement *« le fils de son temps »* (Hegel). Malgré son souci d'objectivité, il subit les convictions de son époque. *« L'histoire est toujours écrite par les vainqueurs »* (Benjamin).

EXEMPLES

La Méditerranée sous Philippe II d'Espagne

L'historien Fernand Braudel montre que le récit des grands événements n'est qu'un aspect superficiel de l'histoire. Pour expliquer la Méditerranée au XVIe siècle, il faut distinguer trois formes d'histoire : une histoire quasi immobile (celle de la mer intérieure avec ses espaces habitables ou inhabitables) ; l'histoire lente des civilisations (celle des mentalités qui oppose le camp de Charles Quint à celui du sultan ottoman Soliman) ; enfin l'histoire brève des actions humaines (la victoire de l'Invincible Armada sur les Turcs lors de la bataille maritime de Lépante en 1571).

La bataille de Borodino

Tolstoï soutient que l'histoire échappe aux décisions des grands hommes. Analysant la bataille de Borodino (qui opposa en 1812, près de Moscou, Napoléon au tsar Alexandre Ier), il écrit dans *Guerre et Paix* qu'un *« événement n'est jamais la conséquence d'un ordre »* parce qu'entre celui qui décide et ceux qui exécutent, la chaîne est trop longue, trop hasardeuse pour que l'ensemble des facteurs décisifs puisse être anticipé par la raison humaine. Seule *« la Divinité peut déterminer la direction du mouvement de l'histoire »* : il n'y a d'histoire que providentielle.

TROIS AUTEURS MAJEURS

HEGEL

« L'histoire du monde n'est pas le lieu du bonheur »

(Leçons sur la philosophie de l'histoire)

MARX

« Les philosophes n'ont fait qu'interpréter diversement le monde, ce qui importe maintenant c'est de le transformer »

(Thèses sur Feuerbach)

NIETZSCHE

« L'histoire ne peut être supportée que par les fortes personnalités ; pour les personnalités faibles, elle achève de les effacer »

(Seconde Considération inactuelle)

L'histoire est rationnelle : ses événements majeurs signalent un progrès de la raison même quand ils paraissent négatifs. Telle est la *« ruse de la raison »* : elle utilise les passions humaines (la quête de gloire des grands hommes) pour progresser. C'est pourquoi *« rien de grand ne s'est fait dans le monde sans passion » (La Raison dans l'histoire).* L'histoire se réalise définitivement dans l'État qui constitue la forme la plus achevée de la liberté humaine. L'histoire a donc une fin : un terme autant qu'un but.

Marx admet comme Hegel que l'histoire est dialectique, violente : *« L'histoire de toute société jusqu'à nos jours est l'histoire de la lutte des classes » (Manifeste du parti communiste).* Cette lutte porte sur la détention des moyens de production. C'est donc l'économie qui est le moteur de l'histoire et c'est pourquoi il faut substituer à l'action des grands hommes, celle des travailleurs. En appelant à la disparition de l'opposition de classes par la révolution, Marx annonce l'avènement d'une société sans classe (le communisme) et donc sans histoire.

Nietzsche distingue l'histoire *« monumentale »* (l'excès d'admiration pour les grands), *« antiquaire »* (la conservation exagérée des coutumes) et *« critique »* (la condamnation systématique du passé) afin de dénoncer le goût maladif de ses contemporains pour l'histoire. Les études historiques peuvent être dangereuses parce qu'elles empêchent finalement l'homme d'agir. L'oubli est en effet une condition de la vie. C'est pourquoi *« trop d'histoire tue l'homme » (Seconde Considération inactuelle).*

LE TRAVAIL ET LA TECHNIQUE

LA CULTURE

DÉFINITION

Le travail est une activité consciente et volontaire. Originellement perçu comme un châtiment divin (Adam, expulsé du paradis, condamné à travailler), le mot vient du latin *tripalium* qui désigne un instrument de torture. Le travail, source de souffrance, s'oppose alors au jeu. Avec la révolution industrielle, le travail est revalorisé : il permet la satisfaction des besoins vitaux, l'augmentation de la richesse et donc l'essor des nations, mais aussi la socialisation et la réalisation de soi. Aidé par le développement de la technique (passage de l'outil, simple prolongement du corps, aux machines), le travail perd une grande part de sa pénibilité. Pourtant l'exigence de productivité et de rentabilité brise cet élan libérateur : le travail est de plus en plus exploité tandis que la technique, toujours plus puissante, aliène l'homme (songez à votre usage compulsif du téléphone portable !). C'est pourquoi les philosophes aiment l'oisiveté (source de méditation) et sont volontiers technophobes.

EXEMPLES

La fabrique des épingles

Dans la *Richesse des nations*, le philosophe et économiste écossais Adam Smith fait l'apologie de la division du travail Il montre qu'un homme seul pourrait au mieux fabriquer 20 épingles par jour tandis que, si les 18 opérations nécessaires pour faire une épingle sont remplies par autant de mains différentes, chacune devenant toujours plus experte dans sa tâche, on produirait 48000 épingles par jour avec une dizaine d'ouvriers. *« Dans chaque art, la division du travail, aussi loin qu'elle peut y être portée, amène un accroissement proportionnel dans la puissance productive du travail. »*

Le sommeil des Massaï

Pour le sociologue Marcel Mauss, la technique est un *« acte traditionnel efficace »*. Or, l'instrument premier grâce auquel un homme peut accomplir cet acte est le corps. Dans son article « Les techniques du corps », Mauss montre que nos attitudes les plus naturelles sont en réalité marquées par la coutume : notre corps s'adapte à l'usage voulu par l'autorité sociale. Ainsi y a-t-il, par exemple, des techniques du sommeil : la « civilisation par 15° de latitude » utilise un banc pour la nuque et un totem comme accoudoir ; les Occidentaux dorment mal sans oreiller ; les Massaï, eux, peuvent dormir debout !

TROIS AUTEURS MAJEURS

PLATON

« À pratiquer plusieurs métiers on ne réussit dans aucun »
(République)

MARX

« Le travail ne produit pas que des marchandises ; il se produit lui-même et produit l'ouvrier en tant que marchandise »
(Manuscrits de 1844)

HEIDEGGER

« La langue technique est l'agression la plus violente et la plus dangereuse contre le caractère propre de la langue »
(Conférence sur la technique)

Dans le *Protagoras,* Platon raconte le mythe de Prométhée pour dénoncer l'ambivalence de la technique : oubliés lors de la distribution des biens qui permettent aux animaux de survivre, les hommes ne doivent leur survie qu'au vol du feu (symbole de la technique) commis par Prométhée. Par la technique, l'homme possède ainsi de quoi survivre et dominer les autres créatures. Mais ce pouvoir n'est pas un don des dieux : c'est une usurpation. Il manque à l'homme le sens politique grâce auquel il ferait toujours bon usage de la technique.

Marx est un adversaire de la division du travail. Si elle augmente la production, elle permet surtout l'exploitation du travailleur, et finalement son aliénation. Avec l'apparition de la machine-outil, la place du travailleur dans le processus de production s'est dégradée : il ne voit plus le produit fini de son activité et n'est plus qu'un rouage intermédiaire d'une machine devenue tentaculaire, d'un *« monstre mécanique »,* comme l'écrit le philosophe dans *Le Capital.*

Dans sa conférence sur la technique de 1962, Heidegger dit que *« l'essence de la technique n'est absolument rien de technique ».* Cela signifie qu'originellement la technique est liée au savoir et pas à l'utilité : elle est une forme de dévoilement de la vérité. Mais ce caractère se perd dans la modernité : la technique s'y manifeste comme une exigence totale et illimitée qui provoque sans cesse la nature au lieu de la dévoiler. Elle constitue donc le péril majeur de notre époque parce qu'elle achève d'appauvrir notre rapport au monde, notamment en substituant à la langue des poètes celle des machines.

LA VÉRITÉ

LA RAISON ET LE RÉEL

DÉFINITION

La quête de la vérité est le but même de la philosophie. Le Vrai constitue pour Platon, avec le Beau et le Bien, une valeur absolue. Mais qu'est-ce que la vérité et comment y accéder puisqu'on ne peut la confondre avec la réalité ? On se heurte à un problème de définition et de méthode. En général, on définit la vérité soit comme un jugement conforme à son objet (on parle alors de vérité-correspondance), soit comme un jugement non contradictoire (on parle alors de vérité-cohérence ou de vérité formelle). Son caractère universel la distingue de l'opinion, toujours particulière. D'un point de vue théorique, elle s'oppose à l'erreur et à l'illusion (qui diffère de l'erreur en ce qu'elle persiste même quand elle est expliquée). La vérité a aussi un sens pratique : la véracité désigne le fait de dire la vérité qui, dans ce cas, s'oppose au mensonge. Atteindre la vérité suppose des critères pour la séparer de ce qui n'est pas elle. Lorsque la vérité se reconnaît d'elle-même, ce critère est l'évidence. Mais souvent la vérité est cachée. Dès lors, si elle n'est pas révélée comme dans la religion, elle doit être démontrée. Le scepticisme considère, lui, qu'elle est inaccessible.

EXEMPLES

Le paradoxe d'Épiménide le Crétois

Y a-t-il des propositions ni vraies ni fausses ? Épiménide le Crétois le suggère lorsqu'il dit que « *tous les Crétois sont des menteurs* ». En effet, soit il dit vrai, alors il ment (puisque c'est un Crétois), donc son affirmation est fausse (puisque tous les Crétois mentent). Soit, au contraire, il ment en disant cela, alors son affirmation est vraie. Le logicien Philatos se suicida, dit-on, parce qu'il ne parvenait pas à résoudre ce paradoxe et à trouver la vérité.

Le mensonge par humanité

Un de mes amis, poursuivi par des malfaiteurs, se réfugie chez moi. Les malfaiteurs frappent à ma porte et me demandent si j'ai accueilli cet ami. Est-il juste de leur mentir ? Benjamin Constant répond : oui, car tous n'ont pas droit à la vérité. Kant, au risque de choquer, soutient le contraire : on ne doit jamais mentir car le devoir de véracité ne peut entrer en concurrence avec un autre devoir, ici celui de l'amitié. Admettre un droit de mentir équivaut à chercher un critère introuvable pour savoir qui n'a pas droit à la vérité et revient surtout à détruire la confiance qui fonde le pacte social.

TROIS AUTEURS MAJEURS

SAINT THOMAS D'AQUIN

« Autant une chose a d'être, **autant elle a de vérité** »

(Somme contre les Gentils)

JAMES

« **La vérité d'une idée est déterminée** par la satisfaction qu'elle procure »

(Le Pragmatisme)

POPPER

« Une théorie qui n'est réfutable par aucun événement qui se puisse concevoir est **dépourvue de caractère scientifique** »

(Conjectures et Réfutations)

Dans le traité *De la vérité,* saint Thomas explique que la vérité n'est ni la réalité elle-même, ni l'intelligence, mais l'adéquation de la réalité et de l'intelligence. Saisir le vrai, c'est se conformer à ce qui est. Cependant, il faut comprendre que c'est la réalité qui vient s'imprimer en nous et non l'inverse. Dans l'ordre de la connaissance, les facultés sensibles extraient une image sensible d'une matière et la fournissent à l'intelligence car *« rien n'est dans l'intelligence qui n'ait été d'abord dans les sens ».*

L'Américain William James, fondateur du pragmatisme, estime que le vrai ne peut pas avoir pour critère ce qui est conforme à la réalité parce que la réalité est trop riche et trop mouvante. Son juste critère sera donc : l'utile ou l'avantageux. Ainsi, une idée scientifique est vraie si elle a des applications fécondes. De même, une croyance est vraie si elle m'apporte de la satisfaction. Bref, la vérité, c'est ce qui marche.

Dans *La Connaissance objective,* l'épistémologue autrichien Karl Popper explique que le critère de la vérité d'un énoncé scientifique ne doit pas être la vérifiabilité mais la falsifiabilité. Une théorie n'est vraie que si elle est et reste ouverte à la critique, c'est-à-dire si elle demeure en droit réfutable. Tel n'est pas à ses yeux le cas de la psychanalyse ou du marxisme. En effet, le psychanalyste voit des résistances inconscientes dans le sujet qui le critiquerait. De même, le marxiste est enclin à juger *« bourgeoise »* l'attitude négative à son égard.

LA DÉMONSTRATION

LA RAISON ET LE RÉEL

DÉFINITION

La démonstration est un raisonnement qui permet d'établir une vérité. Systématiquement utilisée en mathématiques, elle procède par enchaînement logique en respectant des règles rigoureuses, sans quoi elle n'est pas valide. Elle privilégie donc la déduction mais ne s'y réduit pas car elle part d'une première vérité (prémisse) saisie par intuition (pas déduite donc) : il peut s'agir d'une évidence ou d'un axiome. La démonstration diffère de la preuve qui a souvent recours à l'expérience (songez à son usage en criminologie), procède donc par induction (du particulier au général), et s'adresse à un public déterminé (là où la démonstration prétend à l'universalité). Mais tout est-il démontrable ? Les essais des logiciens du XXe siècle pour éliminer toute intuition des démonstrations ont échoué : depuis Gödel, mathématicien autrichien, auteur d'un fameux théorème (dit « d'incomplétude »), on admet que toute axiomatique contient une part d'indémontrable.

EXEMPLES

Le pari pascalien

Le libertin aime les jeux. Aussi, pour le convertir (et donc le sortir du divertissement), Pascal lui propose de faire le pari que Dieu existe. Son argument est le suivant : la vie terrestre est finie, la vie éternelle infinie. Il y a une chance sur deux de l'obtenir. En calculant le rapport entre la mise (une vie finie) et le gain escompté (la vie éternelle), la raison nous enjoint de parier pour Dieu. On objectera que la valeur de la mise dépend du résultat du jeu, ce qui est illogique. Il n'en reste pas moins que, pour la première fois, les probabilités sont utilisées pour « démontrer » l'existence de Dieu.

Le blé en hiver

Lucrèce, épicurien latin, utilise souvent dans ses démonstrations le raisonnement par l'absurde. Cette méthode consiste à prouver la vérité d'une proposition par l'évidente fausseté d'une au moins des conséquences de la thèse contraire. Par exemple, pour prouver que « *rien ne naît de rien* », supposons vraie la contradictoire. Alors n'importe quoi pourrait naître de n'importe quoi et la terre, par exemple, produirait des poissons ; de même n'importe quoi naîtrait n'importe quand et le blé mûrirait en hiver. Mais l'expérience rejette de telles hypothèses donc « *rien ne naît de rien* ».

TROIS AUTEURS MAJEURS

ARISTOTE

« **Nous appelons savoir** le fait de connaître quelque chose par démonstration »
(Premiers Analytiques)

AVERROÈS

« **S'il y a dans la Loi révélée de l'explicite et de l'implicite,** c'est que les hommes n'ont pas les mêmes aptitudes quand il s'agit de donner leur assentiment »
(Discours décisif)

DESCARTES

« **Il doit y avoir une science générale qui explique tout** ce qu'il est possible de rechercher touchant l'ordre et la mesure »
(Règles pour la direction de l'esprit)

Aristote est le premier philosophe à proposer une véritable théorie de la démonstration, qu'il définit comme syllogisme scientifique. « *Le syllogisme est un discours dans lequel certaines choses étant posées, quelque autre chose en résulte nécessairement par cela seul qu'elles sont posées.* » Par exemple : tous les hommes sont mortels. Or Socrate est un homme, donc Socrate est mortel.

Ce philosophe musulman du XIIe siècle, grand lecteur d'Aristote, veut montrer que « *le raisonnement ne conduit à rien qui contredirait la loi révélée* ». Mais il considère que si le Coran a été donné à tous les hommes, il est adressé à chaque type d'homme de la manière adéquate. Lorsque des contradictions explicites apparaissent dans les énoncés, c'est pour éveiller l'attention des philosophes « *sur le fait qu'il y a lieu de les interpréter en les faisant se concilier* ». Ce sont donc aux philosophes, parce qu'ils savent mieux que d'autres penser par démonstration, de décider ce qui est à interpréter.

Selon Descartes, les mathématiques « *sont beaucoup plus certaines que les autres sciences : c'est que seules elles traitent d'un objet assez pur et simple pour n'admettre absolument rien que l'expérience ait rendu incertain, et qu'elles consistent tout entières en une suite de conséquences déduites par raisonnement* » *(Règles pour la direction de l'esprit)*. Cette certitude dans les démonstrations mathématiques peut être étendue à l'ensemble des connaissances rationnelles, en partant de propositions évidentes et élémentaires et en procédant par déductions rigoureuses. Telle est la méthode cartésienne.

L'INTERPRÉTATION

LA RAISON ET LE RÉEL

DÉFINITION

L'interprétation révèle le sens d'un texte ou d'un fait. Elle est multiple (il y a des interprétations) et ouverte (une interprétation en appelle d'autres). Objet d'une science particulière (l'herméneutique), elle concerne des domaines très différents : la linguistique (l'interprète traduit une langue dans une autre), l'art (l'acteur interprète un rôle), la justice (le juge interprète la loi), la science (le savant interprète des faits)… On peut donc tout interpréter ! Mais on doit distinguer ce qui appelle une multitude d'interprétations, comme les mythes qui sont plurivoques (plusieurs sens) et ce qui n'en demande qu'une seule comme les panneaux de circulation qui sont univoques (un seul sens), sans quoi ils provoqueraient des accidents ! Le problème central est celui de la fidélité à ce que l'interprétation transmet. *« Traduire, c'est trahir »,* disait Galilée. Pourtant, si toute interprétation comporte un risque, elle est aussi un moyen de comprendre (elle saisit les intentions derrière les actions humaines) et même de créer (il y a en musique de grands interprètes comme Gould jouant Bach).

EXEMPLES

La jeune femme qui rêvait de la mort de son neveu

Selon Freud, le rêve requiert une interprétation spécifique. En témoigne le cas suivant : une jeune femme raconte qu'elle a rêvé de la mort du second fils de sa sœur, le premier étant décédé peu auparavant. Est-ce un rêve prémonitoire ou un désir malveillant de sa part ? En l'écoutant, Freud comprend qu'elle veut assister aux funérailles de cet enfant pour retrouver un homme qu'elle aime et qu'elle n'a vu qu'à l'enterrement de son premier neveu. Elle se méprend donc sur le sens de son rêve parce que son surmoi (sa morale inconsciente) a masqué le véritable objet de son désir (l'amant) par une image répulsive (le cadavre d'un enfant).

L'œil dilaté de Cézanne

Merleau-Ponty raconte que Cézanne, le célèbre peintre de la montagne Sainte-Victoire (qu'il représenta – donc interpréta – plus de soixante fois), pouvait attendre une heure sans bouger, l'œil dilaté, avant de se mettre à exécuter un tableau. Qu'attendait-il ? De *« germiner »* avec le paysage, de l'imaginer naître. C'est seulement quand il *« tenait son motif »,* qu'il attaquait sa toile par tous les côtés à la fois pour conserver le moment le plus intense de sa vision. La peinture n'est donc plus une imitation de la nature ou une fabrication artificielle mais une *« opération d'expression »* : une interprétation du monde.

TROIS AUTEURS MAJEURS

ARISTOTE

« Tout discours a une signification, non pas toutefois comme un instrument naturel mais par convention »

(De l'interprétation)

NIETZSCHE

« Il n'y a pas de phénomènes moraux ; rien qu'une interprétation morale des phénomènes »

(Par-delà le bien et le mal)

RICŒUR

« L'interprétation, c'est l'intelligence du double sens »

(De l'interprétation. Essai sur Freud)

On trouve parmi les ouvrages d'Aristote consacrés à la logique un traité intitulé *De l'interprétation*. Celui-ci concerne non pas le transfert d'une langue à une autre, mais l'acte même du langage sur le monde. Interpréter, ce sera médiatiser par des signes le rapport de l'âme aux choses : *« Les mots écrits sont les symboles des mots émis par la voix »* qui eux-mêmes expriment des états de l'âme.

Convaincu que notre rapport au monde est subjectif, Nietzsche affirme qu'*« il n'y a pas de faits, rien que des interprétations »*. Nietzsche se fait alors perspectiviste (*« il faut émietter l'univers, perdre le respect du Tout »*), généalogiste (notamment de la morale, dont il montre qu'elle a pour origine le ressentiment des faibles à l'égard des forts) et écrit par aphorismes (sentences brèves qui appellent plusieurs interprétations car *« il n'y a pas d'interprétation exacte »*). En définitive, c'est la vie affective elle-même qui est interprétation : lorsque je dis que *« je souffre »*, j'interprète encore !

Pour Ricœur, lire un texte revient à se l'approprier (ce qui modifie notre identité) et à l'effectuer (*« la lecture est comme l'exécution d'une partition musicale »*). L'interprétation est donc une action. Inversement, toute action est déchiffrable comme un récit. Ainsi, de même qu'un texte s'adresse à un nombre indéfini de lecteurs, l'action humaine peut être interprétée à l'infini, notamment par des juges qui n'en sont pas contemporains. C'est alors toute la relation de l'homme à son histoire qui s'en trouve changée.

THÉORIE ET EXPÉRIENCE

LA RAISON ET LE RÉEL

DÉFINITION

On peut définir la théorie comme le produit d'une activité de l'esprit, d'une spéculation abstraite et désintéressée. La théorie s'oppose alors à la pratique. Une théorie scientifique est un système de lois, fondé sur des hypothèses, qui rend intelligible le monde des phénomènes. C'est ici qu'entre en jeu la notion d'expérience. Celle-ci peut d'abord être comprise soit comme ce qui est à l'origine de nos idées, et donc de toute connaissance – on parle alors d'empirisme, opposé au rationalisme –, soit comme ce qui permet de vérifier ou d'invalider une théorie. Loin donc de s'opposer, théorie et expérience s'informent mutuellement. Mais pour beaucoup, c'est la théorie qui doit précéder l'expérience. Dire que, depuis Galilée, la science est devenue expérimentale, c'est dire que ce qui est à observer doit d'abord être rationnellement construit.

EXEMPLES

Le mythe de l'expérience de Pise

Pour illustrer sa théorie de l'inertie et de la constante d'accélération, Galilée aurait, aux dires de son secrétaire Viviani, laissé chuter une bille et un boulet du haut des 55 mètres de la tour de Pise et observé que les deux sphères touchent le sol en même temps. Mais cette expérience n'est probablement qu'un mythe : Galilée savait que la résistance de l'air pouvait jouer contre sa théorie qui n'est vérifiable que dans le vide. Pour prouver une théorie, peut-être faut-il alors privilégier les expériences… de pensée : les résultats d'une expérimentation réelle sont souvent faussés par les conditions de son exécution.

Le goût de l'œuf

Y a-t-il une différence de goût entre le premier œuf que je mange et le centième ? Sans doute pas. Cependant je juge avec assurance du goût du centième alors que j'hésite pour le premier. Hume montre par cet exemple que nous avons tort de passer d'une expérience répétée à une certitude, et que tout notre savoir vient de l'expérience. La répétition génère l'habitude et celle-ci l'illusion d'une connexion nécessaire entre une cause et son effet. À la place d'une causalité démontrée, la simple expérience d'une conjonction entre deux facteurs. Une leçon d'humilité.

TROIS AUTEURS MAJEURS

PLATON

« La science ne comporte rien de sensible »

(Théétète)

KANT

« Nous ne connaissons *a priori* les choses que ce que nous y mettons nous-mêmes »

(Préface de la Critique de la raison pure)

BACHELARD

« En toutes circonstances, l'immédiat doit céder le pas au construit »

(La Philosophie du non)

Convaincu que le monde sensible est trompeur parce que changeant, Platon veut éduquer l'âme pour l'aider à contempler (contemplation se dit *Theoria* en grec) le monde intelligible où se trouvent les Idées éternelles. Le célèbre mythe de la caverne illustre cette conversion qui passe par l'acquisition graduelle de savoirs rigoureux (de l'arithmétique à la dialectique). Le fondateur de l'Académie invitait en effet ses disciples à ne philosopher qu'après s'être initiés aux mathématiques. Ainsi, pour Platon, toute connaissance vraie est – au sens strict – théorique.

Auteur de la *Critique de la raison pure*, Kant affirme que *« si toute connaissance commence avec l'expérience, elle ne dérive pas toute de l'expérience »*. Ainsi, les catégories de l'entendement, dont l'origine n'est pas empirique, structurent les données de l'expérience livrées dans les cadres *a priori* de l'intuition que sont l'espace et le temps. Mais lorsque la raison spécule – au-delà, donc, de l'expérience – sur le monde, l'âme ou Dieu, elle ne peut plus rien affirmer avec certitude : nous sommes alors au-delà du champ de la science. Il n'y a de science que des phénomènes.

L'épistémologue Gaston Bachelard veut promouvoir un nouvel esprit scientifique. Contre Descartes, il affirme qu'*« il n'y a pas de vérités premières mais seulement des erreurs premières »*. La science progresse donc par rectification : elle se construit contre l'évidence. D'où la nécessité de dresser le tableau des *« obstacles épistémologiques »* (de nos erreurs initiales spontanées) qui freinent le progrès et témoignent d'un esprit pré-scientifique. Si la raison doit structurer l'expérience, elle ne peut se passer d'elle. C'est le *« rationalisme appliqué »*.

LA MATIÈRE ET L'ESPRIT

LA RAISON ET LE RÉEL

DÉFINITION

La matière désigne en physique la substance de tous les corps. L'esprit définit le principe de la pensée et de la réflexion humaine. Il n'est pas nécessairement situé dans un sujet (le Saint-Esprit du christianisme…). Il désigne d'ailleurs à l'origine un simple souffle (*spiritus*). Ces deux notions s'opposent si on admet que l'esprit constitue une substance séparée du monde physique, métaphysique au sens strict – ce qui est au-delà de la nature (*meta ta physica*). Comment, alors, unir ces deux substances ? L'homme est-il l'union d'une âme et d'un corps (Descartes) ou bien l'étude de la matière cérébrale peut-elle suffire à rendre compte de nos pensées ? D'un côté donc, les matérialistes, des atomistes grecs jusqu'à Marx, qui refusent la substance à l'esprit ; de l'autre, les spiritualistes (ou idéalistes), de Platon à Bergson, qui défendent l'idée que la matière ne peut expliquer la pensée.

EXEMPLES

L'origine de la férocité des Anglais

Dans *L'Homme machine* (1748), le médecin philosophe Julien de La Mettrie soutient qu'il n'y a dans la nature qu'*« une seule substance diversement modifiée »*. La pensée est donc une propriété de la matière : elle se développe avec les organes et *« l'âme n'est qu'un vain terme dont on n'a point d'idée »*, l'homme étant *« une machine qui monte elle-même ses ressorts »*. Ce que nous pensons dépend du rapport de notre corps avec le monde extérieur, et notamment de ce que nous mangeons. C'est donc parce qu'ils mangent de la viande crue que les Anglais sont plus féroces que les autres peuples !

Johnny s'en va-t-en guerre

Ce film antimilitariste de Dalton Trumbo, sorti en 1971, raconte l'histoire d'un jeune soldat américain grièvement blessé par l'éclat d'un obus en 1917. Amputé des jambes et des bras, le visage à moitié arraché, aveugle, il ne lui reste que le sens du toucher. Enfermé dans un corps-tronc devenu sa prison, ne pouvant, ni se défendre, ni se suicider, il devient un cobaye pour la science. Ce film, véritable plaidoyer pour l'euthanasie, veut montrer qu'il n'y a pas de liberté ni de bonheur possible pour un esprit qui ne peut plus s'incarner dans un corps disponible.

TROIS AUTEURS MAJEURS

LUCRÈCE

« Si la matière n'avait pas été éternelle, depuis longtemps déjà toutes choses seraient anéanties »

(De la nature des choses)

DIDEROT

« Il faut que la pierre sente »

(Le Rêve de d'Alembert)

MARX

« Le premier fait historique est la production de la vie matérielle elle-même »

(L'Idéologie allemande)

Disciple latin d'Épicure, l'auteur du *De la nature des choses* soutient qu'il n'y a dans la nature que des corps et du vide. Les corps sont des agrégats d'atomes.
Pour expliquer comment les atomes s'agrègent les uns aux autres, Lucrèce fait l'hypothèse d'une déclinaison (*clinamen*) des atomes qui, sans cette mystérieuse déviation, chuteraient parallèlement les uns aux autres sans se rencontrer. Appliquée à l'âme, elle-même matérielle et mortelle, cette théorie permet d'expliquer les mouvements volontaires et donc la liberté humaine.

Diderot est convaincu que *« la sensibilité est une propriété générale de la matière »*. La matière est donc vivante. Ainsi la masse inerte d'un œuf contient un élément caché qui rendra compte de la vie du futur poussin. De là découle ce qu'on appelle le monisme matérialiste de Diderot : l'unité de la matière repose sur une continuité qui relie les modes d'existence les plus simples aux plus complexes. Et puisque la matière est vivante, Diderot en déduit que tout se transforme dans l'univers : il y a une fermentation aveugle de la matière d'où naissent *« à chaque instant »* des monstres et des mondes.

Marx se vantait d'avoir remis Hegel sur ses pieds parce qu'il marchait sur la tête. Hegel soutenait que ce qui fait l'Histoire, c'est l'Esprit. Marx affirme que les besoins vitaux des hommes génèrent les luttes pour la détention des moyens de production et donc les révolutions de l'Histoire : toute époque dépend de la classe économique dominante car c'est *« le mode de production de la vie matérielle qui conditionne le processus d'ensemble de la vie sociale, politique et spirituelle »*. Pour comprendre le monde, il faut donc substituer à l'idéalisme hégélien, un *« matérialisme historique »*.

LE VIVANT

LA RAISON ET LE RÉEL

DÉFINITION

Le vivant n'est pas la matière, qui peut être inanimée ou mécanisée (le vivant se distingue alors de l'inerte ou de l'artificiel), ni l'existence qui suppose la conscience : le vivant n'est pas le vécu. Le vivant, c'est l'ensemble des membres de toutes les espèces qui manifestent par leur organisation les caractéristiques de la vie dans un temps limité (tout vivant est mortel) et dépassé (le vivant tend à se reproduire). Expliquer le vivant est l'objet de la biologie, science née tardivement (au XIXe siècle) en raison du caractère sacré, donc intouchable, accordé à la vie par le pouvoir religieux. Mais comment penser le vivant ? Grâce à un modèle finaliste, mécaniste ou vitaliste ? Comment, ensuite, entrer dans le vivant sans le détruire ou le perturber ? Comment, enfin, classer les vivants alors que, selon l'évolutionnisme, les espèces sont en mutation ? Et jusqu'à quel point peut-on agir sur lui, le manipuler ? Une bioéthique semble d'autant plus nécessaire que le pouvoir de l'homme sur la vie ne cesse d'augmenter.

EXEMPLES

L'ouverture des cadavres

Pour le vitaliste Bichat, *« la vie est l'ensemble des fonctions qui résistent à la mort »*. Connaître la vie oblige à interroger la mort : à ouvrir les cadavres. Car la mort révèle les processus de la vie : elle fait éclater, dans la rigueur de la décomposition, les merveilles de la vie. Ainsi, la mort lente et naturelle du vieillard reprend en sens inverse le développement de la vie chez l'enfant, chez l'embryon. Quant à la mort par maladie, elle est comme une dissection sur le vif. La connaissance de la vie doit donc beaucoup à la destruction de la vie.

Le cou de la girafe

Le zoologue Lamarck explique la longueur du cou de la girafe par l'adaptation au milieu : contrainte de manger les feuilles hautes des arbres, la girafe aurait vu son cou s'allonger au fil des générations. Darwin conteste ce finalisme. Pour lui, c'est le hasard qui a favorisé des êtres qui présentaient déjà, au sein d'une même espèce, un cou plus grand. Dans le combat pour la survie, seuls les plus adaptés survivent et se reproduisent. Ainsi s'expliquent la sélection naturelle et la mutation des espèces.

TROIS AUTEURS MAJEURS

ARISTOTE

« Il y a davantage de finalité et de beauté dans les œuvres de la nature que dans les fabrications humaines »

(Parties des animaux)

DESCARTES

« Je considère le corps de l'homme comme étant une machine »

(Méditations métaphysiques)

BERGSON

« L'être vivant est surtout un lieu de passage »

(L'Évolution créatrice)

Aristote définit le vivant par l'âme qui l'anime. Les vivants ont en eux-mêmes le principe de leur mouvement. Les plantes ont une âme nutritive, les animaux ont, en plus, une âme sensitive et l'homme possède en outre une âme intellective. Le vivant se hiérarchise donc selon une complexité croissante. L'âme se dit aussi « *forme* »: elle informe la matière en lui donnant la vie conformément à une fin spécifique. Ainsi, chaque organe a sa fonction et le règne des vivants est harmonieux car « *la nature ne fait rien en vain* ». La théorie d'Aristote est donc finaliste.

Pour Descartes, ce n'est pas par la finalité que s'explique le vivant. Son modèle, inspiré des premiers automates, est le mécanisme. Son mouvement lui vient du cœur (comparé à un soufflet qui chauffe le sang) et des « *esprits animaux* » (sorte de fluide qui permet la contraction musculaire). Ainsi le corps est comme une machine mais divinement composée. Quant à l'âme, si elle est à l'origine des mouvements volontaires chez l'homme, elle est d'une autre substance que celle du corps. Elle se manifeste par le langage dont les animaux sont dépourvus. Cette absence d'âme fonde la théorie de « *l'animal-machine* ».

Bergson soutient l'existence d'un « *élan vital* » : « *d'une création qui se poursuit sans fin en vertu d'un mouvement initial* ». Face à la résistance de la matière, la vie développe une force explosive et fragmente ses formes en espèce et en individus. Cependant l'intelligence ne peut saisir cet élan car elle se représente le devenir comme une série d'états: elle décompose le vivant, l'explique mécaniquement, y cherche un ordre. Mais « *la vie déborde l'intelligence* ». Aussi, l'évolution étant créatrice, seule une approche intuitive permet d'appréhender dans chaque vivant le courant vital dont il participe.

CONTRESENS : LE GRAND BÊTISIER !

Cette collection de maladresses fort répandues dans l'opinion commune est exactement le genre de choses qu'il faut éviter le jour de l'examen. On peut même se servir de ces « bêtises » comme d'un négatif de ce qu'il faut comprendre. Si vous avez fait ce type d'erreurs, il n'est pas trop tard pour vous corriger et méditer ces mots de Gaston Bachelard : « *La vérité est une erreur rectifiée.* » —

PAR CHARLES PÉPIN

« PLATON N'AIME PAS LA BEAUTÉ »

Impossible d'écrire que Platon n'aime pas la beauté : dans *Le Banquet,* c'est bien la sensibilité d'un homme à la beauté d'un autre qui marque le début de l'aventure de la connaissance ; le Beau le conduira finalement au Bien et au Vrai. En revanche, il est exact que Platon, notamment dans le livre X de la *République,* est très sévère à l'égard de l'art. Il y oppose l'idée du lit (sa vérité ou son essence) au lit concret fabriqué par l'artisan (qui n'est pas « vrai », mais sert au moins à quelque chose) et au lit peint par l'artiste qui, lui, ne sert à rien et représente une copie trompeuse d'un seul des aspects, arbitrairement choisi, du lit en question. Il présente alors l'artiste comme celui qui nous trompe, cherche à nous « plaire » sans se soucier de la vérité. D'où sa célèbre phrase : « *il faut chasser les poètes de la cité* » et sa condamnation des sophistes, qui sont comme des artistes du discours politique. La sévérité de Platon s'explique en fait par la nature de l'art qui triomphe à son époque : un art « illusionniste » par lequel, par exemple, le peintre Zeuxis s'amuse à dessiner, sur une roche, des raisins que les pigeons essaient de picorer tant ils ressemblent aux vrais. Dans *Le Sophiste,* Platon nuancera sa thèse en distinguant notamment « l'art du simulacre » (celui de Zeuxis ou des sophistes) de « l'art de la copie » (celui des Égyptiens) qui, lui, tente au moins de « copier » la vérité des proportions.

« ARISTOTE FAIT L'APOLOGIE DE LA RUSE EN POLITIQUE »

Probablement est-ce un signe des temps… On assiste à l'émergence d'un nouveau contresens au sujet de sa célèbre citation « *L'homme est un animal politique* ». Ce propos, profondément idéaliste, est souvent déformé en thèse réaliste, voire cynique : « *animal politique* » devient synonyme de « bestiole prête à tout pour conquérir le pouvoir » ! Rien à voir, bien sûr, avec ce que voulait dire Aristote. Pour lui, la participation à la délibération politique était le moyen pour l'homme d'actualiser pleinement ses facultés humaines. « *L'homme est un animal politique* » signifie que c'est grâce à la

politique – comme recherche collective du bien commun, non comme somme de ruses politiciennes – que l'homme parachève son humanité. Cela n'est pas facile, mais c'est « naturel » : il est dans la nature de l'homme de se forcer, par la politique, à devenir meilleur.

« JE NE SUIS PAS D'ACCORD AVEC HEGEL »

On trouve souvent dans les copies ce genre de prise de position, à éviter à tout prix ! Avant d'être d'accord avec Hegel, il faut déjà essayer de le comprendre. Ensuite, il ne s'agit pas vraiment d'« être d'accord » ou pas, ce qui relèverait plutôt de la logique de l'opinion, mais de montrer en quoi le propos de Hegel vient ou non éclairer une question. *« L'opinion est du genre du cri »,* écrivait Platon dans le *Philèbe,* pour souligner combien la philosophie est arrachement au règne du cri. Enfin, il s'agit simplement d'éviter l'effet comique lié au fait que,

« Pour Aristote, l'"*animal politique*" ne signifie pas **"bestiole prête à tout pour conquérir le pouvoir"** »

dans une telle phrase, le « je » est situé sur le même plan que Hegel.

« DESCARTES PENSE QUE L'ANIMAL EST UNE MACHINE »

Il n'a jamais écrit cela. Descartes ne dit pas non plus que l'animal ne peut pas ressentir de souffrance, mais que, pour comprendre le fonctionnement de son corps, on peut le considérer « comme » une machine. Si nous voulons expliquer la « marche » du cœur d'un cheval, le plus pratique est de se représenter cet animal comme une machine, et son cœur comme une pompe. Mais le cheval n'est pas une machine; c'est un cheval! Descartes raisonne à peu près de la même façon pour l'homme. L'homme, lui aussi, en tant que corps, peut être décrit mécaniquement. La meilleure façon d'appréhender le fonctionnement du corps humain est aussi de le considérer comme une machine. Descartes propose même d'expliquer tous les mouvements corporels en tant que conséquences de la seule disposition des organes, exactement comme un horloger explique le fonctionnement d'une montre à partir de la position et de l'enchaînement des rouages. Le corps de l'animal comme celui de l'homme doivent être pensés « comme » des machines pour être expliqués, et s'il insiste plus sur l'animal-machine que sur l'homme-machine, c'est peut-être pour nous dire que la machine animale fonctionne mieux, que la vie de l'animal est parfaitement réglée, dans l'obéissance stricte à la nature et à l'instinct, tandis que l'homme est une machine qui, elle, en raison de notre liberté même, « marche » moins bien… dysfonctionne plus fréquemment.

« KANT ANNONCE LA PAIX PERPÉTUELLE »

Si l'on se fie à ce que les élèves écrivent du *Projet de paix perpétuelle,* Kant serait un prophète capable de lire dans l'avenir et d'y voir se profiler la paix perpétuelle! Or, d'une part, Emmanuel Kant donne simplement les différentes conditions d'une paix entre les nations (la fin du service militaire obligatoire notamment) – conditions très dures à réunir –, d'autre part, il nous invite justement à distinguer la paix perpétuelle comme idée régulatrice de la paix perpétuelle comme destin inéluctable. La meilleure façon de se rapprocher de cette paix entre les nations, c'est justement de ne pas l'annoncer comme quelque chose d'inéluctable, mais de la concevoir simplement comme une idée capable de réguler positivement notre action, notre effort dans ce sens. La grande force de Kant, c'est justement de ne nous présenter le progrès que comme une possibilité – non comme un destin. C'est d'ailleurs ce qui le distingue de Hegel, de Marx ou d'Auguste Comte qui, tous les trois, au XIXe siècle, présenteront en effet le Progrès comme un Destin, et se feront les prophètes d'un achèvement positif de l'Histoire.

« QUAND ON REGARDE *LES ANGES DE LA TÉLÉRÉALITÉ*, ON COMPREND QUE LA LIBERTÉ D'EXPRESSION EST UNE RÉALITÉ »

C'est confondre un peu vite la liberté d'expression au sens politique, comme liberté d'exprimer un choix politique ou, par exemple, de critiquer les gouvernants, avec la licence comme simple droit de dire tout ce qui passe par la tête. De plus, les difficultés de langage fréquentes chez les candidats aux émissions de téléréalité (souvenons-nous par exemple de ce participant à *Loft Story* qui ne connaissait pas le mot « thym » et le prononçait « *Tim* ») rendent assez comique l'idée qu'ils viendraient incarner la réalité de la liberté d'expression ! Enfin, le fait qu'ils apparaissent souvent comme particulièrement déterminés socialement, victimes du matraquage télévisuel et de sa dictature de l'impudeur, voire en proie à des pulsions dures à contrôler, n'en fait pas vraiment des exemples de la liberté en acte ! Leur « expression » semble précisément très peu libre, tristement déterminée et contrainte, leur empêchant d'ailleurs le plus souvent de pouvoir nommer correctement ce qu'ils ressentent.

« PLATON A ÉTÉ LONGTEMPS ENFERMÉ DANS UNE CAVERNE »

Platon a écrit une « allégorie de la caverne » mais il n'a jamais été enfermé dedans ! La confusion vient peut-être du fait qu'il a été un temps en prison en Sicile, après quelques différends avec le tyran Denys de Syracuse qu'il entreprit de conseiller – c'était de plus une prison de luxe ! Dans son allégorie de la caverne, Platon montre en revanche que les hommes préfèrent rester enfermés dans leurs illusions plutôt que d'affronter la lumière de la vérité. Il y a un confort à rester dans l'illusion, à persévérer dans les mêmes habitudes de pensée, quand la confrontation avec l'éclat perturbant de la vérité demande du courage. C'est ce confort de l'illusion que symbolise la caverne.

« SARTRE LE STALINIEN », OU « SARTRE LE COMMUNISTE »

Un temps « Compagnon de route » du Parti communiste français et défenseur du stalinisme, Jean-Paul Sartre ne doit pas pour autant être qualifié de communiste. En effet, la véritable cohérence dans son œuvre tient à sa critique de la notion d'identité, ou de la notion d'essence. C'est le sens de sa fameuse phrase de *L'Être et le Néant* : « *L'homme est cet être qui n'est pas ce qu'il est et qui est ce qu'il n'est pas* » – « *qui n'est pas ce qu'il est* » (il n'est pas ce qu'il croit être), et « *qui est ce qu'il n'est pas* » (il pourra devenir tout ce qu'il n'est pas encore). Sartre ne peut donc « être » communiste. Par ailleurs, avant d'être « compagnon de route » des communistes, il fut aussi existentialiste individualiste et, ensuite, proche de la mystique juive avec Benny Lévy. Lorsqu'il refusa le prix Nobel de littérature, ce fut aussi pour n'être pas enfermé dans une « essence », pour n'« être » pas Nobel. Laissons-lui donc au moins cela : ne l'enfermons pas dans une essence, quelle qu'elle soit. —

UNE JOURNÉE DANS LA VIE DE KÉVIN SARTRE

Le jour J, Kévin a bien failli perdre ses repères lors de l'examen. Mais ses ressources philosophiques (idéal/réel, analyse/synthèse, immanent/transcendant...), il les a mobilisées après pour tout autre chose : la conquête de Jennifer. —

PAR MICHEL ELTCHANINOFF

6:00

/ EN ACTE / EN PUISSANCE /

« *I will surviiiiiiiive...* » tonitrue le réveil. Kévin entrouvre un œil. Aujourd'hui, c'est le bac philo. Hier encore, il ne devait passer le bac qu'*en puissance*. L'examen lui semblait vague, abstrait, lointain, pas effrayant du tout. Maintenant, il doit affronter l'épreuve *en acte*. Et il comprend subitement ce que le mot « épreuve » veut dire. Il préfère se rendormir.

« En puissance » signifie potentiellement. En acte, effectivement. Nous possédons tous en puissance des motivations, des talents et des rêves. Mais tout dépend de ce que nous réussissons à incarner dans la vie réelle. Cette distinction permet de mesurer l'importance de l'action, qui seule donne corps à des dispositions que nous portons en nous, mais qui ne sont rien tant que nous ne les avons pas actualisées.

6:10

/ OBLIGATION / CONTRAINTE /

Kévin se fait secouer par sa mère. Il se sentait déjà *obligé* de se lever. Voilà qu'en plus, il y est *contraint*.

La contrainte est une pression exercée sur quelqu'un de l'extérieur. Elle est souvent pénible, parfois violente et injuste. Une obligation, en revanche, ressortit à l'ordre juridique ou moral. Même si elle n'est pas forcément très agréable, elle est pleinement acceptée par celui qui s'y soumet. S'il s'agit d'une obligation morale, elle provient d'un devoir élaboré pour soi-même. On s'oblige, par exemple, à ne jamais mentir, même si rien n'y contraint. Dans le cas d'une loi ou d'un contrat, l'obligation est librement consentie. Si nous sommes obligés de payer des impôts, c'est finalement parce que nous acceptons de vivre dans un pays où l'argent est redistribué à la collectivité.

6:25

/ OBJECTIF / SUBJECTIF /

Sa mère a posé devant Kevin deux croissants, quatre barres énergétiques, des corn-flakes et du chocolat chaud. Il réclame un Red Bull. D'un point de vue *objectif,* c'est beaucoup. Mais du côté *subjectif,* c'est le minimum avant d'aller plancher pendant quatre heures.

Le sujet désigne le moi tel qu'il se voit et se vit – de manière, donc, subjective. L'objet, ce sont les choses et les personnes telles qu'on les perçoit de l'extérieur. Cette perspective est objective. Cette différence de point de vue explique les discordances entre une vision subjective et une vision objective des mêmes phénomènes. Dans ce cadre, le jugement subjectif, teinté d'affectivité, ne pourrait prétendre à la rigueur de l'objectivité. En revanche, la dimension subjective de notre existence peut être prise en compte et est même valorisée dans certains domaines comme la psychologie ou l'art.

6:55

/ CONVAINCRE / PERSUADER /

Kévin n'en mène pas large. Sa mère le *convainc* qu'il va s'en sortir s'il utilise intelligemment tout ce qu'il a appris en philo pendant l'année. Kévin, lui, n'en est pas *persuadé*.

Pour convaincre, il faut élaborer une démonstration rationnelle et argumentée. Persuader, en revanche, fait appel à des motifs plus souterrains, comme la sensibilité et l'imagination. C'est pour cette raison que les démagogues se contentent de persuader, tandis que les politiques responsables

cherchent d'abord à convaincre. Mais pour atteindre une adhésion pleine et entière de la raison et du cœur, un zeste de persuasion demeure indispensable.

7:10

/ ABSOLU / RELATIF /

Zut ! Kévin vient de rater son bus. Dans l'*absolu*, ce n'est pas une catastrophe. Mais *relativement* à son niveau en philo, il vaudrait mieux ne pas arriver en retard à l'épreuve.

L'absolu désigne une entité (Dieu, un principe métaphysique ou moral, une situation) qui ne dépend de rien d'extérieur à elle, qui se suffit à elle-même indépendamment de tout contexte. Le relatif, au contraire, n'a de sens qu'en relation avec autre chose. On peut par exemple se demander si la liberté humaine est absolue ou si elle dépend des contextes – si donc elle est relative.

7:49

/ ANALYSE / SYNTHÈSE /

Kévin arrive tout essoufflé dans la salle d'épreuve et trouve sa place. Il *analyse* rapidement la distance qui le sépare de son copain Mikaël, de la porte, de la surveillante, du radiateur. En quelques secondes, la *synthèse* est faite : il n'a aucune chance de sortir ses antisèches.

L'analyse consiste à décomposer un ensemble en ses éléments constitutifs. À l'inverse, la synthèse vise à rassembler des éléments épars afin d'en avoir une vue d'ensemble. L'analyse permet de découvrir des choses ignorées lors d'une simple vue d'ensemble. Mais la synthèse n'est pas uniquement la somme de ses composants et permet de dégager des informations nouvelles. On peut donc combiner les deux démarches.

8:00

/ CROIRE / SAVOIR /

Les sujets sont distribués. Kévin a longtemps *cru* pouvoir tomber sur l'une des quatre notions qu'il a bien révisées. Maintenant, il *sait* que ce n'est pas le cas.

Croire est un pari : nous adhérons à une thèse alors que nous n'en sommes pas absolument certains. On peut croire en la vie après la mort, en Dieu, en l'amitié, ou encore qu'il fera beau demain. Savoir, au contraire, se fonde sur des éléments de preuve : je sais que 2 et 2 font 4 ou que l'épreuve de philo est obligatoire. Parfois, les croyances sont battues en brèche par le savoir : je croyais qu'il ferait beau, or il pleut. D'autres sont invérifiables. Je sais alors que je ne peux pas le prouver, mais je décide de croire en Dieu ou en l'amitié.

8:10

/ ORIGINE / FONDEMENT /

Kévin panique. Quelle est l'*origine* de son affolement ? Il a du mal à choisir entre les trois sujets. Mais le *fondement* de son état est ailleurs : il sait qu'il n'a pas fait grand-chose en philo durant l'année.

L'origine désigne un commencement dans le temps. Pour les scientifiques, le big-bang est à l'origine de l'Univers. Chacun peut essayer de découvrir, grâce à sa généalogie, quelles sont ses origines. Or le fondement est plutôt le soubassement rationnel, non chronologique, d'un fait. Il ne se situe pas dans le temps, mais dans la pensée. C'est ce qui explique l'état actuel des choses. L'origine de notre démocratie est la Révolution française de 1789. Son fondement, la Déclaration des droits de l'homme et du citoyen, qui en justifie la nécessité.

8:22

/ EN THÉORIE / EN PRATIQUE /

En *théorie*, Kévin doit s'emparer du sujet qu'il aura le plus de facilité à traiter. En *pratique*, il n'a pas encore choisi entre la dissertation et l'explication de texte.

La théorie est produite par une vision de l'esprit. Il s'agit d'une construction mentale et rationnelle. La pratique désigne le comportement concret des hommes dans le monde, notamment leurs rapports éthiques et politiques. Il est possible que ce qui est vrai en théorie ne le soit pas dans la pratique. Mais il faut également comprendre que, sans théorie, on ne comprendrait pas grand-chose à ce qui nous arrive en pratique. La théorie peut donc servir de guide à la pratique.

8:34

/ EXPLIQUER / COMPRENDRE /

Kévin opte finalement pour le texte. Il ne le *comprend* pas vraiment, mais il tente tout de même de l'*expliquer*.

Expliquer, c'est, suivant l'étymologie de ce mot, déplier, mettre en lumière ce qui est sous-jacent, que ce soit dans un texte de philosophie ou une attitude. Mais expliquer la mauvaise action de quelqu'un ne signifie pas qu'on la comprenne, qu'on saisisse toute la dimension de celle-ci. La compréhension, en effet, est à la fois plus globale et plus profonde que l'explication. Elle convient mieux, par exemple, pour rendre compte de la richesse et de la diversité des actions humaines, dans l'histoire, le domaine social, la psychologie.

12:00

/ LÉGAL / LÉGITIME /

L'examinatrice lui arrache la copie des mains. Kévin se défend. Elle insiste. Lui aussi. Sur le plan *légal*, elle a raison :

l'heure a sonné. Mais cela ne paraît pas *légitime* à Kévin : il n'a même pas eu le temps d'écrire son nom !

Ce qui est légal correspond strictement à la loi. Le légitime déborde le plan de la légalité. Ce qui est légitime fait appel à des valeurs plus profondes ou plus universelles que la justice d'un groupe donné. Il peut être illégal de déserter. Mais il n'est pas toujours illégitime, au nom de principes moraux supérieurs, de ne pas participer à une guerre indigne ou de désobéir à des ordres abjects.

12:01

/ IDENTITÉ / ÉGALITÉ / DIFFÉRENCE /

L'examinatrice tente de raisonner Kévin en lui expliquant qu'il doit respecter le principe d'*égalité* entre les candidats. De plus en plus énervé, le jeune homme lui rétorque qu'il faut aussi comprendre l'*identité* de chacun. Elle non plus n'a pas l'air contente et réplique qu'il n'a pas à se sentir *différent* des autres dans cette situation. Mais Kévin a pu inscrire son nom. Il arrête de philosopher et sort de la salle d'un air digne.

L'égalité signifie que tous doivent être traités de la même manière face à une loi ou

des principes – républicains ou religieux. Mais si l'on ne se réfère à rien d'autre qu'à soi, il est également vrai que nous avons tous notre identité – histoires personnelles, orientation sexuelle. On peut donc avoir des différences sur le plan de l'identité, et les dépasser sur celui des principes. C'est une question politique très actuelle que de savoir allier l'identité de chacun et l'égalité de tous, de concilier différence et justice.

12:10

/ INTUITIF / DISCURSIF /

Kévin se retrouve dans le couloir. Ses copains racontent leurs plans, exposent leurs arguments, parient sur leur note. Kévin, lui, est incapable d'exprimer quoi que ce soit de manière *discursive*. Mais c'est *intuitif*: il s'est planté.

Un raisonnement est discursif lorsqu'il suit des étapes bien identifiables et qui s'enchaînent avec rigueur – lorsque l'on fait un exposé oral à quelqu'un. Par contraste, ce qui est intuitif est instantané. Que l'intuition soit sensible ou intellectuelle, elle ne s'embarrasse d'aucun intermédiaire. Elle est parfois valorisée par les philosophes qui lui accordent la primauté de l'évidence sur les longs raisonnements hasardeux. D'autres redoutent au contraire que la valorisation de l'intuitif verse dans l'irrationnel.

12:14

/ CAUSE / FIN /

Soudain, les nuages se dissipent. La *cause*? Il retrouve Jennifer, l'élue de son cœur, qui vient de sortir de la salle d'examen. Du coup, Kévin a tout autre chose en tête que sa lamentable prestation. Sa *fin*? Oublier tous ses tourments dans les bras de Jennifer.

La question « pourquoi » peut signifier deux choses bien différentes: quelle est la cause qui fait advenir telle ou telle chose? Kévin se sent mieux parce qu'il a rencontré celle qu'il aime. Mais cela signifie également « pour quoi », c'est-à-dire le but, la finalité. Dans une action, on peut considérer également les deux: le fondement rationnel et le but poursuivi.

12:29

/ IDÉAL / RÉEL /

Dans un monde *idéal*, Kévin, avec un sourire ravageur, une voix chaude et une aisance de prince, inviterait Jennifer à venir prendre un café chez lui. Hélas! le *réel* est plus cruel: Kévin la regarde avec des yeux de chien battu et bredouille un « salut » à peine audible.

On oppose volontiers ce qui existe effectivement, le réel, aux imaginations fumeuses des rêveurs… et des philosophes. Mais ce n'est pas si simple. L'idéal peut désigner un but à atteindre, sans lequel nous ne saurions orienter nos actions. Ainsi la bonté ou la justice peuvent-elles être raillées comme des délires angéliques, elles peuvent fournir cette norme dont on doit se rapprocher – même si l'on se doute qu'on ne l'atteindra jamais. Aussi l'idéal devient-il le guide du réel.

12:32

/ CONTINGENT / NÉCESSAIRE / POSSIBLE /

Kévin prend son courage à deux mains. Il va inviter Jennifer au cinéma. Il est *possible* qu'elle accepte. Il est *nécessaire* qu'il tente sa chance. Que son projet de séduction réussisse, ça, c'est *contingent*.

Dans ce qu'on appelle la logique des modalités, qui concerne la manière dont on affirme quelque chose, il faut distinguer plusieurs cas. Soit ce qu'on dit est contingent, c'est-à-dire que l'événement dont on parle aurait pu ou peut se dérouler autrement. « Napoléon est mort à Sainte-Hélène » est une affirmation contingente, car il n'est pas logiquement absurde qu'il soit mort ailleurs. En revanche, dire que Napoléon est mortel est une proposition nécessaire, car cela ne peut pas être autrement. Le possible et l'impossible servent à distinguer le contingent (ce dont le contraire est possible) et le nécessaire (ce dont le contraire est impossible).

12:36

/ PRINCIPE / CONSÉQUENCES /

Sur le *principe*, Jennifer n'est pas contre. Mais elle en redoute les *conséquences*.

Un principe est la première de toutes les causes, cette origine rationnelle des choses que recherche la métaphysique. Tout raisonnement, par exemple mathématique, part de principes et en tire des conséquences, au moyen d'opérations logiques. Il faut noter que si les conséquences sont les produits d'un raisonnement rationnel et correct, ce n'est pas forcément le cas des principes qui, étant au commencement de la chaîne logique, sont eux-mêmes indémontrables – puisqu'il faudrait faire appel à d'autres principes pour les démontrer.

14:15

/ EN DROIT / EN FAIT /

Il faut choisir le film. *En droit,* Kévin a son mot à dire sur ce qu'il a envie de regarder. *En fait,* il n'en a cure. Jennifer choisit d'ailleurs un drame romantique, pas trop du genre de Kévin. Mais lui a autre chose en tête que de voir un chef-d'œuvre.

Le droit appartient au domaine des règles, qu'elles soient juridiques, morales, scientifiques, etc. « En droit » signifie donc que les choses devraient, suivant la règle établie, se passer de telle manière. Mais il arrive qu'il y ait une discordance inattendue entre le domaine du droit et le domaine des faits. Ce sont d'ailleurs ces hiatus qui font parfois évoluer le droit, afin de l'adapter à des réalités nouvelles. Si le fait et le droit se contredisent, il faut tenter de transformer les faits pour les faire correspondre au droit ou encore adapter le droit au fait.

15:10

/ TRANSCENDANT / IMMANENT /

Les deux jeunes gens se sont installés dans la salle de cinéma. Kévin n'en revient pas. Hier encore, Jennifer paraissait inaccessible, lointaine, complètement *transcendante.* Maintenant, elle est assise à côté de lui, tout près, *immanente* en diable.

Le transcendant désigne ce qui se situe radicalement loin et au-dessus de nous. Il peut s'agir de divinités inatteignables comme de principes sublimes. Dans tous les cas, ils n'ont aucun rapport avec nous. L'immanent, au contraire, colle à notre vie terrestre. Dans certaines religions, les dieux sont ainsi immanents à la nature.

15:42

/ FORMEL / MATÉRIEL /

Formellement, la situation est simple. À la première scène un peu sentimentale, Kévin n'a qu'à se pencher vers Jennifer et l'enlacer. *Matériellement,* c'est plus compliqué. Jennifer est plus grande que Kévin, ce qui ne facilite pas le mouvement. En plus, elle a posé son sac entre eux deux et ne laisse même pas son bras sur l'accoudoir.

La philosophie distingue la forme et la

matière. Sans contenu matériel, une pure forme demeure vide et dénuée de signification. Il faut toutefois préciser que certaines disciplines sont purement formelles, comme la logique ou les mathématiques. Elles évoluent dans le domaine du concept et n'exigent que la rigueur de la construction rationnelle. Par ailleurs, la matière sans forme n'exprime rien non plus de déterminé : c'est le sculpteur qui donnera une forme à la matière du marbre qu'il travaille et la transformera en statue. C'est pour cette raison que certains philosophes, comme Aristote, accordent une sorte de prééminence à la forme sur la matière, même si, dans le réel, le marbre précède la réalisation de la statue.

15:59

/ GENRE / ESPÈCE / INDIVIDU /

L'heure tourne. Et Kévin n'a encore rien tenté. D'accord, Kévin n'est pas du *genre* tombeur. C'est une *espèce* d'empoté dès qu'il s'agit de passer à l'action. Mais c'est surtout un *individu* fou de Jennifer, prêt à tout pour la conquérir.

Genre, espèce et individu appartiennent au vocabulaire de la classification des êtres. L'individu est ce qu'on ne peut diviser. L'espèce regroupe tous les individus qui peuvent se reproduire entre eux, comme les membres de l'espèce humaine – et notamment Kévin et Jennifer. Le genre est plus général, puisqu'il comporte des espèces aujourd'hui disparues, comme l'homme de Néandertal ou l'*Homo erectus*. Lorsque l'on invoque le genre humain, on cherche ainsi souvent à dépasser la stricte définition biologique de l'homme afin de lui reconnaître des qualités plus élevées.

16:09

/ MÉDIAT / IMMÉDIAT /

Deux méthodes s'offrent à Kévin : l'*immédiate* (se jeter sur Jennifer), ou plus fine, la solution *médiate* : lui prendre la main et la couvrir de baisers avant de progresser en douceur.

L'immédiat se passe de tout intermédiaire. Il peut caractériser une intuition, une connaissance, un sentiment, une action. Il peut être trahi, mais également enrichi, par ce qu'on appelle les médiations : discours, images, échanges. Les hommes, pour leur malheur et leur bonheur, sont des êtres de médiation.

16:18

/ ESSENTIEL / ACCIDENTEL /

Kévin est tétanisé. Il n'arrive pas à se concentrer sur la passionnante histoire que raconte le film. Ce qui se passe à l'écran n'est pour lui qu'*accidentel*. Ce qui se trame entre Jennifer et lui, en revanche, est *essentiel*.

Dans le langage philosophique, ce qui est essentiel, c'est ce qui concerne la partie la plus importante, indestructible, d'une chose ou d'une personne, son essence. Il fait partie de l'essence de Socrate d'être mortel. En revanche, l'accidentel désigne, lui, ce qui peut être attribué à un individu mais qui peut lui être ôté sans le détruire. Par exemple, la barbe de Socrate est accidentelle, car il peut ôter cette qualité (en se rasant) sans détruire son essence d'être mortel nommé Socrate.

17:02

/ ABSTRAIT / CONCRET /

Du point de vue du *concret*, la situation n'évolue pas. Jennifer ne tourne toujours pas son visage vers Kévin. Ses mains sont sagement posées sur ses genoux. Elle semble absorbée par le film et ne fait pas attention à son voisin qui se tortille sur son fauteuil. Kévin décide de surmonter tous ces détails et de demeurer concentré sur son objectif: embrasser Jennifer. Mais du coup, il reste dans l'*abstrait* et ne sait comment engager son affaire.

Le concret désigne les qualités matérielles des choses et des êtres. Afin de se dégager de sa pesanteur, il faut en faire abstraction et n'en garder que des traits généraux. C'est ainsi que l'on peut essayer d'avoir un avis sur l'humanité en général et pas seulement sur les hommes concrets. L'abstraction paraît donc nécessaire à la pensée, et éventuellement à l'action. À condition cependant de ne pas s'y retrancher éternellement.

17:16

/ RESSEMBLANCE / ANALOGIE /

Soudain, sur l'écran, le héros embrasse fougueusement l'héroïne. Kévin tressaille. Même s'il n'a qu'une *ressemblance* très vague avec Brad Pitt, il se décide à tenter une *analogie*: et s'il tentait auprès de Jennifer ce que le beau Brad est en train de faire avec Angelina Jolie?

Une ressemblance compare deux réalités. L'analogie en compare quatre, dans une égalité de rapports A/B = C/D. L'analogie peut donc établir des liens entre des réalités très différentes, mais qui ont une correspondance formelle très forte.

17:20

/ UNIVERSEL / GÉNÉRAL / PARTICULIER / SINGULIER /

Vertiges de l'analogie! Ça a marché. Kévin est heureux. Il éprouve un sentiment *universel* qui le submerge: l'Amour, le vrai, le grand. Le baiser dans la salle obscure est certes une situation plutôt répandue et *générale*. Malgré cela, le cas de Kévin est particulier: c'est la première fois qu'il ose embrasser quelqu'un au cinéma. Quant au couple formé par le jeune Kévin et la belle Jennifer, il est totalement *singulier*.

L'universel vaut pour tous et pour tout quels que soient le lieu et le moment, que l'on se situe dans le domaine des sciences ou des réalités humaines. Les défenseurs des droits de l'homme pensent que ceux-ci sont valables partout sur la Terre. Le général concerne, lui, un groupe plus restreint, mais s'applique à un grand nombre de personnes et de choses. Surtout, il peut admettre des exceptions. Ce qui est particulier s'applique seulement à une partie des personnes ou des choses concernées: les dirigeants chinois affirment ainsi que leur culture est particulière et qu'elle ne saurait adopter mécaniquement les droits de l'homme. Enfin, le singulier désigne une seule entité, s'applique à un seul sujet, par exemple un couple, qui ne ressemble à aucun autre. Notons toutefois qu'il existe un lien entre le singulier et l'universel: ce couple ressent en effet un sentiment universel. On peut donc être à la fois différent de tous les autres, absolument unique, et vivre des situations que tout le monde partage. La philosophie mène à tout, même aux baisers dans les salles obscures.

ÊTES-VOUS PRÊT ?

Voici 20 questions – certaines sont faciles, d'autres moins – afin de vous assurer que vous avez bien assimilé le contenu de notre livre. Pour chacune, une seule réponse est possible. —

PAR MICHEL ELTCHANINOFF

1. Une problématique, ce sont:

❑ **A.** Les problèmes philosophiques impliqués dans la question posée.

❑ **B.** Les problèmes que n'aborde pas le sujet.

❑ **C.** Les problèmes que se sont posés les philosophes à propos de tel ou tel terme contenu dans le sujet.

2. Vous évoquez, dans votre copie, l'état de nature. Qu'avez-vous donc à l'esprit?

❑ **A.** Les hommes préhistoriques.

❑ **B.** L'hypothèse théorique d'hommes pas encore liés par les lois au sein d'un État.

❑ **C.** Une manière d'être sans complexe, nature, bien dans sa peau, cool.

3. Comprenez-vous la plus célèbre formule de la philosophie, *« Je pense, donc je suis »*, de Descartes? Elle signifie que…

❑ **A.** Je suis d'abord et avant tout « une chose qui pense ».

❑ **B.** Je n'existe qu'en pensée, en rêve, mais pas réellement.

❑ **C.** Je n'ai besoin de personne pour avoir mon avis.

4. Parmi ces formules, une seule peut être employée dans une copie. Les autres doivent être soigneusement évitées. Choisissez!

❑ **A.** L'amour, c'est regarder ensemble dans la même direction.

❑ **B.** Passé les bornes, il n'y a plus de limites.

❑ **C.** L'essence transcendantale du sujet réflexif s'interjette dans le *hic et nunc* de la déréliction banalisante et souveraine du Dasein.

❑ **D.** La mauvaise foi, c'est être fanatique.

❑ **E.** La libido rend tous les hommes libidineux.

❑ **F.** De tout temps, la philosophie s'est interrogée sur l'homme.

❑ **G.** Chercher à discuter avec les faits pour les dominer, n'est-ce pas la condition de notre liberté?

❏ **H.** Il n'y a que la vérité qui blesse.

5. La contingence, c'est:

❏ **A.** Ce dont je peux me priver, contrairement à l'incontingence.

❏ **B.** Ce qui ne peut pas ne pas exister.

❏ **C.** Ce qui aurait pu ne pas être.

6. Vous avez compris le concept d'immanence? Dans quelle phrase est-il bien utilisé?

❏ **A.** Les dieux de l'Antiquité grecque sont immanents à la nature, pas transcendants.

❏ **B.** Le dieu des monothéismes est immanent, c'est-à-dire qu'il est totalement inaccessible.

❏ **C.** J'ai envie de toi, tout de suite. Je n'y peux rien, c'est immanent.

7. Pour choisir votre sujet, vous vous donnez…

❏ **A.** À peine vingt secondes. L'important est que le sujet vous séduise. C'est une question d'instinct.

❏ **B.** Cinq bonnes minutes. Ce qui compte, c'est l'analyse que vous pourrez faire des termes du sujet, pas votre impression immédiate.

❏ **C.** Quarante minutes. Il faut prendre le temps de bien examiner les tenants et les aboutissants de chaque sujet.

8. Le beau, selon Emmanuel Kant, c'est:

❏ **A.** « Ce qui plaît universellement sans concept. »

❏ **B.** « Une promesse de bonheur. »

❏ **C.** « Chacun ses goûts. »

9. À qui Max Weber attribue-t-il le *« monopole de la violence légitime »*?

❏ **A.** À chacun d'entre nous.

❏ **B.** À l'État.

❏ **C.** Aux animaux.

10. Aristote a écrit *« l'homme est un animal politique »*. Cela signifie:

❏ **A.** Que l'homme est naturellement sociable.

❏ **B.** Qu'il est une bête prête à tout pour conquérir le pouvoir.

❏ **C.** Qu'il aime d'abord agresser et combattre autrui, bref, qu'il est un loup pour l'homme.

11. Le plus important pour une bonne explication de texte, c'est:

❏ **A.** Connaître le philosophe qui a écrit le passage à expliquer.

❏ **B.** Critiquer le texte en question.

❏ **C.** Se mettre à la place du philosophe et essayer de comprendre ce qu'il a voulu démontrer.

12. Selon vous, Sartre a écrit:

❏ **A.** L'existence précède l'essence.

❏ **B.** L'existence pressée: de l'essence.

❏ **C.** L'existence précède les sens.

13. Vous traitez d'un sujet sur la morale, et vous citez Épicure. Selon lui, le bonheur, c'est:

❏ **A.** Jouir sans entrave, expérimenter tous les plaisirs, même les plus sauvages.

❏ **B.** Ne pas craindre les dieux ni la mort et viser l'absence de troubles.

❏ **C.** Savoir se sacrifier au nom du bien commun.

14. Que signifie la notion de libre arbitre:

❏ **A.** Que l'homme est la cause première de ses choix.

❏ **B.** Qu'un juge doit être totalement indépendant du pouvoir politique.

❏ **C.** Que l'erreur est humaine.

15. Vous choisissez un sujet sur nature et culture. Vous voulez briller en évoquant l'ethnologue français Claude Lévi-Strauss, auteur de *Tristes*

Tropiques. Selon lui, la première règle de toute société humaine est:

- ❑ **A.** La stricte condamnation de la masturbation.
- ❑ **B.** L'interdiction de coucher avant le mariage.
- ❑ **C.** La prohibition de l'inceste.

16. Le bon plan, c'est:

- ❑ **A.** Consacrer une partie à chaque terme du sujet.
- ❑ **B.** Proposer plusieurs thèses qui s'enchaînent bien.
- ❑ **C.** Une première partie très philo, une deuxième plus historique, et une troisième écrite à partir de l'actualité.

17. Vous allez impressionner le jury avec « la caverne de Platon ». Au fait, qu'est-ce que c'est?

- ❑ **A.** Une image qu'emploie le philosophe pour montrer que le monde sensible est trompeur et qu'il vaut mieux se tourner vers celui des vérités éternelles.
- ❑ **B.** La crevasse rocheuse, non loin d'Athènes, dans laquelle se jeta Platon pour prouver l'immortalité de l'âme.
- ❑ **C.** Le modeste lieu où naquit Platon, entouré de bergers et d'animaux de la ferme.

18. Freud, ça fait toujours son petit effet. Mais il ne faut pas se tromper. Il a beaucoup étudié les rêves. Il les considère comme:

- ❑ **A.** La voie royale dans la description de l'inconscient.
- ❑ **B.** La preuve que nous sommes des êtres irrationnels et délirants.
- ❑ **C.** La seule réalité, la vie éveillée étant, elle, un rêve.

19. Que faut-il rédiger au brouillon?

- ❑ **A.** Tout, et ensuite on recopie.
- ❑ **B.** Rien: on rédige directement au propre.
- ❑ **C.** Juste l'introduction. Et le développement directement au propre.

20. Que Spinoza désigne-t-il sous le terme latin de « *conatus* »:

- ❑ **A.** L'organe de la pensée philosophique, qui se situe dans le cerveau et se raidit quand nous avons des idées intéressantes.
- ❑ **B.** L'effort de chaque être pour accroître sa puissance d'exister.
- ❑ **C.** L'homme superstitieux, orgueilleux et insensé. C'est devenu l'insulte préférée des philosophes: « pauvre conatus, va… »

RÉSULTATS

1. a. / 2. b. / 3. a. / 4.g. / 5. c. / 6. a. / 7. b. / 8. a. / 9. b. / 10. a. / 11. c. / 12. a. / 13. b. / 14. a. / 15. c. / 16. b. / 17. a. / 18. a. / 19. c. / 20. b.

VOUS AVEZ ENTRE 0 ET 5 BONNES RÉPONSES
Il y a encore du travail. Pour la peine, vous relirez trois fois notre Guide de survie, votre cours, votre manuel, et vous vous entraînerez à traiter des sujets jusqu'à épuisement.

VOUS AVEZ ENTRE 5 ET 10 BONNES RÉPONSES
Encore un effort. Repérez vos points faibles (méthode, compréhension des concepts, connaissance des doctrines et des auteurs)… et foncez!

VOUS AVEZ ENTRE 10 ET 15 BONNES RÉPONSES
Vous êtes bien parti! Mais il y a encore des lacunes à combler. Que reste-t-il à travailler? Faites les derniers réglages avant l'examen.

VOUS AVEZ ENTRE 15 ET 20 BONNES RÉPONSES
Votre résultat est impressionnant! Soit vous avez parfaitement lu notre guide, soit vous êtes un petit génie… soit vous êtes un lecteur assidu de Philosophie magazine. Bravo!

Fabrication : Rivages
Cet ouvrage a été achevé d'imprimer sur les presses de Pollina
(Z. I. de Chasnais, 85407 Luçon), en mars 2016.
Numéro d'impression : L25168
Dépôt légal : avril 2016
Imprimé en France